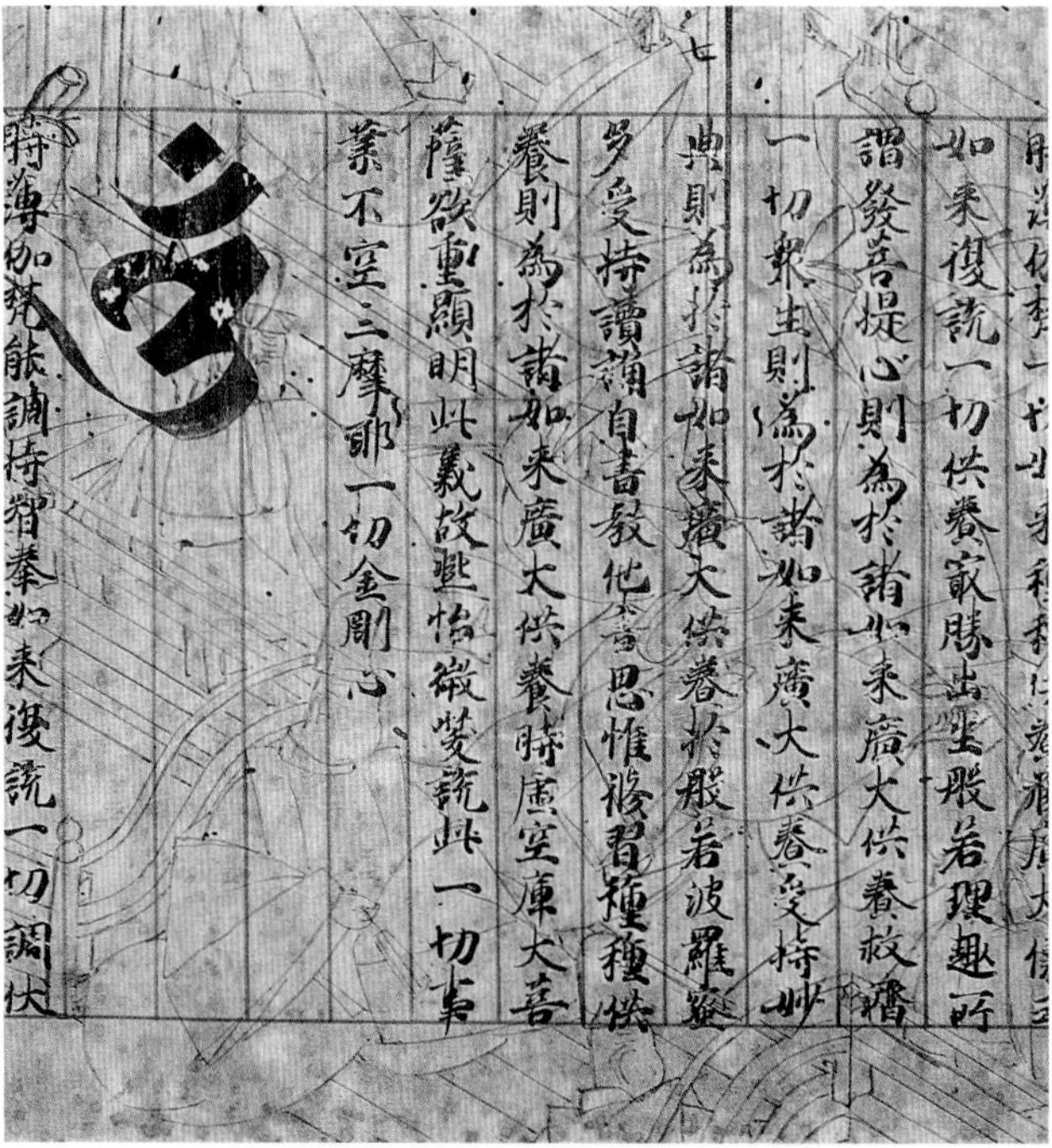
七
如来復説一切供養最勝出生般若理趣所
謂發菩提心則為於諸如来廣大供養救濟
一切衆生則為於諸如来廣大供養受持妙
典則為於諸如来廣大供養於般若波羅蜜
多受持讀誦自書教他書思惟修習種種供
養則為於諸如来廣大供養時虚空庫大菩
薩欲重顯明此義故熙怡微笑説此一切事
業不空三摩耶一切金剛心
時薄伽梵能調持智拳如来復説一切調伏

愛染明王像（仁和寺）

五秘密曼荼羅図（醍醐寺）

金剛界マンダラ（西チベット・アルチ寺）

中公文庫

理　趣　経

松長有慶

中央公論新社

目　次

第三章　理趣経の構成　69

第四章　序分の内容　87

第五章　理趣経の全体像

第六章　八如来の教え

大《たい》楽《ら》金《きん》剛《こう》不《ふ》空《こう》真《しん》実《じ》三《さん》摩《ま》耶《や》経《けい》

般若波羅蜜多理趣品

大興善寺三蔵沙門大広智不空奉詔訳

如是《じょし》我《が》聞《ぶん》。一時《いっし》薄伽梵《ふわきゃふわん》。成就殊勝《せいしゅしゅしょう》一切如来《いっせいじょらい》。金剛加持《きんこうかち》三摩耶智《さんまやち》。已《い》得《とく》一切如来《いっせいじょらい》灌頂宝冠《くわんでいほうくわん》為《い》三界主《さんかいしゅ》。已《い》証《しょう》一切如来《いっせいじょらい》。一切《いっせい》智智《ちち》瑜伽《ゆきゃ》自在《しさい》。能作《のうさく》一切如来《いっせいじょらい》。一切《いっせい》印平《いんぺい》等《とう》種種《しょうじょう》事業《しぎょう》。於《よ》無尽《ぶしん》無余《ぶよ》一切《いっせい》衆生界《しゅうせいかい》。一切《いっせい》意願作《いげんさく》業《ぎょう》。皆悉《かいしつ》円満《てんまん》。常《しょう》恒《こう》三世《さんせ》。一切《いっせい》時《し》身語《しんぎょ》意《い》業《ぎょう》。金剛《きんこう》大《たい》毘盧遮那《ひろしゃだ》如来《じょらい》。在於《さいよ》欲界《よっかい》他化《たくわ》自在《しさい》天王宮《てんのうきゅう》中《ちゅう》。一切如来《いっせいじょらい》常《しょう》所《そ》遊処《ゆうしょ》吉祥《きつしょう》称《しょう》歎《たん》。大摩尼殿《たいまじてん》。種種《しょうじょう》間錯《かんさく》。鈴鐸《れいたく》繒幡《そうばん》微風《びふう》揺撃《ようげき》。珠鬘《しゅまん》瓔珞《えいらく》半満月《はんまんげつ》等《とう》而《じ》為《い》荘厳《そうげん》。与《よ》八十《はっしゅう》倶胝《くち》菩《ほ》薩《さつ》衆《しゅう》倶《く》。所《そ》謂《い》。金《きん》剛《こう》手《しゅ》菩《ほ》薩《さん》摩《ば》訶《か》薩《さ》。観《くわん》自《し》在《さい》菩《ほ》薩《さん》摩《ば》訶《か》薩《さ》。虚《きよ》空《こう》蔵《そう》菩《ほ》薩《さん》摩《ば》訶《か》薩《さ》。金《きん》剛《こう》拳《けん》菩《ほ》薩《さん》摩《ば》訶《か》薩《さ》。文《ぶん》殊《じゅ》師《し》利《り》菩《ほ》薩《さん》摩《ば》訶《か》薩《さ》。纔《さい》発《はっ》心《しん》転《てん》法《ぽう》輪《りん》菩《ほ》薩《さん》摩《ば》訶《か》薩《さ》。虚《きよ》空《こう》庫《こ》菩《ほ》薩《さん》摩《ば》訶《か》薩《さ》。摧《さい》一《いっ》切《せい》魔《ま》菩《ほ》薩《さん》摩《ば》訶《か》薩《さ》。与《よ》如《じょ》是《し》等《とう》大《たい》菩《ほ》薩《さつ》衆《しゅう》。恭《きょう》敬《けい》囲《い》繞《じょう》而《じ》為《い》説《せっ》法《ぽう》。初《そ》中《ちゅう》後《こう》善《せん》文《ぶん》義《ぎ》巧《こう》妙《びょう》。純《しゅん》一《にち》円《えん》満《まん》清《せい》浄《せい》潔《けつ》白《はく》。

説《せ》一《いっ》切《せい》法《ほう》清《せい》浄《せい》句《く》門《もん》。所《そ》謂《い》。妙《びょう》適《てき》清《せい》浄《せい》句《く》是《し》菩《ほ》薩《さ》位《い》。欲《よく》箭《せん》清《せい》浄《せい》句《く》是《し》菩《ほ》薩《さ》位《い》。触《そく》清《せい》浄《せい》句《く》是《し》菩《ほ》薩《さ》位《い》。愛《あい》縛《はく》清《せい》浄《せい》句《く》是《し》菩《ほ》薩《さ》位《い》。一《いっ》切《せい》自《し》在《さい》主《しゅう》清《せい》浄《せい》句《く》是《し》菩《ほ》薩《さ》位《い》。見《けん》清《せい》浄《せい》句《く》是《し》菩《ほ》薩《さ》位《い》。適《てき》悦《えっ》清《せい》浄《せい》句《く》是《し》菩《ほ》薩《さ》位《い》。愛《あい》清《せい》浄《せい》句《く》是《し》菩《ほ》薩《さ》位《い》。慢《まん》清《せい》浄《せい》句《く》是《し》菩《ほ》薩《さ》位《い》。荘《そう》厳《げん》清《せい》浄《せい》句《く》是《し》菩《ほ》薩《さ》位《い》。意《い》滋《し》沢《たく》清《せい》浄《せい》句《く》是《し》菩《ほ》薩《さ》位《い》。

光《こう》明《べい》清《せい》浄《せい》句《く》是《し》菩《ほ》薩《さ》位《い》。身《しん》楽《らく》清《せい》浄《せい》句《く》是《し》菩《ほ》薩《さ》位《い》。色《しょく》清《せい》浄《せい》句《く》是《し》菩《ほ》薩《さ》位《い》。声《せい》清《せい》浄《せい》句《く》是《し》菩《ほ》薩《さ》位《い》。香《きょう》 清《せい》浄《せい》句《く》是《し》菩《ほ》薩《さ》位《い》。味《び》清《せい》浄《せい》句《く》是《し》菩《ほ》薩《さ》位《い》。何《か》以《い》故《こ》。一《いっ》切《せい》法《ほう》自《し》性《せい》清《せい》浄《せい》故《こ》。般《ふわん》若《じゃ》波《は》羅《ら》蜜《び》多《た》清《せい》浄《せい》。金《きん》剛《こう》手《しゅ》。若《じゃく》 有《ゆう》聞《ぶん》此《し》清《せい》浄《せい》出《しゅっ》生《せい》句《く》般《ふわん》 若《じゃ》理《り》趣《しゅ》。乃《だい》至《し》菩《ほ》提《てい》道《とう》場《ちょう》。一《いっ》切《せい》蓋《かい》障《しょう》。及《きゅう》 煩《はん》悩《だっ》障《しょう》 法《はっ》障《しょう》 業《げっ》障《しょう》。設《せっ》広《こう》積《せき》習《しゅう》。必《ひっ》不《ぷ》堕《た》於《よ》地《ち》獄《ぎょく》 等《とう》趣《しゅ》。設《せっ》作《さく》重《ちょう》 罪《さい》消《しょう》滅《べっ》不《ぷ》難《なん》。若《じゃく》 能《のう》受《しゅ》持《ち》日《じっ》日《じつ》。読《とく》誦《しょう》 作《さく》意《い》思《し》惟《い》。即《そく》於《よ》現《けん》生《せい》証《しょう》 一《いっ》切《せい》法《ほう》平《へい》等《とう》金《きん》剛《こう》三《さん》摩《ま》地《ち》。於《よ》一《いっ》切《せい》法《ほう》皆《かい》得《とく》自《し》在《さい》。受《しゅ》於《よ》無《ぶ》量《りょう》 適《てき》悦《えつ》歓《くわん》喜《ぎ》。以《い》十《しゅう》 六《りく》大《たい》菩《ほ》薩《さっ》生《せい》。獲《くわき》 得《とく》如《じょ》来《らい》執《しゅう》 金《きん》剛《こう》位《い》。時《し》薄《ふわ》伽《きゃ》梵《ふわん》。一《いっ》切《せい》如《じょ》来《らい》大《たい》乗《じょう》 現《けん》証《しょう》 三《さん》摩《ま》耶《や》。一《いっ》切《せい》曼《まん》荼《た》羅《ら》持《ち》金《きん》剛《こう》勝《しょう》 薩《さっ》埵《た》。於《よ》三《さん》界《かい》中《ちゅう》 調《ちょう》 伏《ふく》無《ぶ》余《よ》。一《いっ》切《せい》義《ぎ》成《せい》就《しゅ》金《きん》剛《こう》手《しゅ》菩《ほ》薩《さん》摩《ば》訶《か》薩《さ》。為《い》欲《よく》重《ちょう》顕《けん》明《べい》此《し》義《い》故《こ》。凞《き》怡《い》微《び》笑《しょう》左《さ》手《しゅ》作《さ》金《きん》剛《こう》慢《まん》印《にん》。右《ゆう》手《しゅ》抽《ちゅう》擲《てき》本《ほん》初《そ》大《たい》金《きん》剛《こう》作《さく》勇《ゆう》進《しん》勢《せい》。説《せつ》大《たい》楽《ら》金《きん》剛《こう》不《ふ》空《こう》三《さん》摩《ま》耶《や》心《しん》。

理趣経

第一章　理趣経とはどんなお経か

真言宗の常用経典

理趣経というお経は、最近一般のかたがたにも、その名前がよく知られるようになってきました。もともと真言宗僧侶の常用経典、つまり真言宗のお寺で、朝な夕なに勤行《ごんぎょう》のときに読んでいるお経ですし、法事や葬式のときにも読まれ、檀信徒《だんしんと》のかたがたも、比較的、耳にされる機会が多いようです。

密教というのはなにか奥深く、在家の人には容易にわかりにくいもののようだけれども、最も身近な密教経典である理趣経を読めば、密教のことが少しくらいわかるのではないかと期待をもっておられるかたもいらっしゃるでしょう。密教のお経を全部読んだり、むずかしい修行をするのはまっぴらだけれども、代表的なお経を一つだけでも読んで、密教がわかりたい、そのためには、一番親しみのもてる理趣経を開いてみよう、こういった気もちをおもちのかたもいらっしゃるようです。

中には、理趣経には、セックスのことが書かれているらしい。お経にセックスのことがのっているとはまた奇妙なことだ。どんなふうに書かれているのか知りたい、と好奇心をもって理趣経を開いてみるかたもおられるようです。

理趣経は真言宗の常用経典で、またセックスについて書かれた経典だという妙な評判だけが先行してしまった結果、真言宗の坊さんもなかなかススンでいるとにやにやするかたがいたり、また、けしからん、神聖な先祖の霊前で、そんなふしだらなお経を読まれるのには、とても耐えられんと怒ってしまわれるかたもあるようです。

ちょっと待って下さい。理趣経というのは、巷間《こうかん》よく興味本位で噂されているような内容をもった経典なのかどうか、一度じっくり読んで確かめてみようではありませんか。自分で目で読んで確かめるというには、ちょっと手ごわくむずかしい内容ですので、私がお手伝いさせていただきながら、ご一緒に読んでみたいと思います。

たしかに理趣経という密教経典には、性についての記述も出てきますし、また道徳的な見地から、どうも問題になるような個所もないわけではありません。しかしそれを文字通りの表面的な意味で理解してしまうと、とんでもないことになってしまいます。古くから理趣経が秘伝として、その内容を一般に公開しなかったのは、そのような表面的な理解で早合点してしまわれるかたがいるのを恐れてのことなのです。

理趣経は一般に公開してはならないということは、表面的な理解だけで終わらせてはいけないということですから、じっくり時間をかけて、その本当の意味、文字の奥底にかくされている深い意味に気づき、密教のすばらしさがわかっていただけるようにお話をさせていただくのならば、それほど問題はないように思います。興味本位の講義は避けて、できるかぎり本筋に触れるように心がけながら、お話を進めたいと思っております。

思想と実践が一体となる

日本の密教は教相《きょうそう》と事相《じそう》の二つに分かれています。教相とは教義的、思想的なものであり、事相とは実践的、行動的なものであります。密教というのは、この二つがそろわないと十分とはいえません。思想だけ、講義だけ聞いたのでは、頭でっかちの理屈屋になりかねない。あるいは、実践――行《ぎょう》だけやっていると、自分の宗教的な境地がどこまでいっているかがはっきりわからないわけです。邪道のほうへどんどんいっているかもわからない。ですから、教相と事相、教理と実践、この二つがかみあう――真言宗の言葉では車の両輪、あるいは鳥の両翼だといわれている――この両方がそろって、はじめて完全なものができあがると、いわれてきました。なぜかというと、密教というものは理屈だけではどうにもならない。やはり実行する――自分自身が行動を起こす、体を使う――そういうことがないとわからない。というと、もったいぶっていると思われるかもしれませんが、この本を読み進めていただければおわかりになると思います。

秘密とはどういうことか

弘法大師の著書に「弁顕密二教論《べんけんみつにきょうろん》」という書物があります。これは仏教を顕教《けんぎょう》（一般仏教）と密教《みっきょう》との二つに分けて、その特質を述べる論ということです。つまり、密教は顕教に対して、どういう特徴があるかということを書いた書物であります。

その本の中には、秘密には二種類あると書いてあります。秘密というと、大事なものはかくしておいてなかなか教えてくれない、いろいろな「秘伝」のようなものがすぐに想像されます。わが国では昔から芸人とか職人は修業して最後にならないとその芸や職の秘伝を教えてもらえない、そういう伝統がありました。江戸時代にはそういった日本の伝統的な技術の教授法が密教の影響を受けて、秘伝として重んじられるようになってきた。そうすると一般の人は、今度は逆に秘伝の「秘」というような意味で密教を見てしまうわけです。

ところが、本当の密教という意味はそうではない。秘密には二種類あって、「如来《にょらい》の秘密」と「衆生《しゅじょう》の自秘《じひ》」だと、「弁顕密二教論」には書いてあります。

「如来の秘密」とは何かと申しますと、密教は実践的なものがかなりの要素を占めているので、誰にでも同じように教えてしまうと相手のためにならないわけです。ちょうど小学生にウルトラCの体操を教えるようなものです。相手の体力・能力に応じて教えていかないと、高度なものだから、いきなりウルトラCの体操を小学生に教えたら骨を折ってしまいます。それで小学生には小学生なりの体操を教え、プロになるとプロなりの高度な技術を教えていくのが良いコーチなのです。だから、小学生からハイレベルの体操を教えると相手のためにならない。如来の秘密とはそういうことです。相手がそこまで程度が進んでいないから、教えるとかえって相手のためにならないから秘密にしておくということ。これが秘密の一つの意味です。

といいますのは、教義的なものは少々高度なものを聞いても直接的な害はないが、密教は実行の伴う宗教ですから、そうはいきません。たとえばヨーガの法でも、最初から高度なヨーガを教えては、相手のためになりません。息をつまらせてしまいます。やはり少しずつ初歩から教えていかなければならない。だから実践的なものがからんでいる宗教は、いろいろな面で秘密ということがあるはずです。これは、何も秘密主義でかくしているわけではないのです。これが誤解されて、密教には今までうす暗い、じめじめしたイメージがあったようです。だから密教は原始的な暗いイメージ、秘密結社の宗教のようなイメージをもたれてきたのですが、そういった意味ではないのです。実践面をたくさんもっているから、そうやすやすと最後のものを教えてしまわない。それは、惜しいからではなく、相手のためにならないからそうしておいて、少しずつ出していく。

もう一つの「衆生《しゅじょう》の自秘《じひ》」とは何かというと、すべてはオープンになっているのですが、受け取るほうの目がかすんで見えない、という意味です。何もかくしていないのだけれど、見るほうがそれを読みとれる段階までいっていないから秘密になっている。これを衆生の自秘といいます。責任は自分のほうにある。これは、非常におもしろい考えかただと思います。自分の精神的な段階をもっと引き上げなければ見えるものが見えてこない。

たとえば、ずっとつきあっていた人間だけれど、こんないいところがあったのか、と思うときがあります。また、ちょっとしたことで、今まで仲の良かったものが仲が悪くなることもある。というのは、今まで見えていなかったものが、何かの機会に見えたということだと思います。これは相手が秘密にしていたのではない。自分のほうがそれまで相手を見ていなかったから秘密になっていた、そういう秘密なのです。だから、こういうふうに密教というものは、秘密といっても、秘密結社のうす暗いイメージの宗教ではなく、やはりじっくり調べてみると、秘密にはこういう意味があって、どちらも非常に理屈にかなった考えかたなのです。

ここまでみんな踏みこまないうちに、密教という言葉を聞いてとたんに拒否反応を起こしてしまう。中まで踏みこんでいこうというかたは、今まで見えていないものも見えてくると思います。受信機の感度が良くなっていくということでしょう。静かな部屋にいると何も音が聞こえませんけれど、ラジオをもってくればいろいろな放送が入ります。波長によってナイターをやっているところがあるかもしれません。音楽をやっているかもしれません。でも受信機がないと聞こえません。音がないのと同じです。しかし、そこには音がないのではなくて、電波はあるのだけれど、受信機がないから音が受け取れないわけです。テレビをもってきてチャンネルを合わせたらちゃんと入ってくる。だから衆生の自秘というときの秘密というのは、案外怖いのです。密教というのは、責任がすべて自分にかかってくるのです。

たとえば隣近所の人とのつきあい、職場のつきあい、いろいろなつきあいで悪口をいう。「こんちきしょう、あのやろう」と相手の悪口をいうことは、相手が悪いのではなく、自分のほうが相手の良いところを見る目をもっていないと、表明しているようなものです。だから密教は恐ろしいというわけです。悪口をいうのは相手が悪いからではない、相手は何がしか良いところをもっている、とみるのが密教の原則です。生きとし生けるもの、生まれてきたものは、少しでも良いところをもっているからこの世に生まれてきたのだ、という考えかたをします。百パーセント悪いやつはいない、百パーセント欠点だらけのやつはいない、一パーセント、二パーセントでも長所をもっているのが人間であるし、生きものであるわけです。そこを見抜けないというのは、自分のほうの目がかすんでいることです。これが衆生の自秘なのです。

弘法大師は、秘密というのをこの二つに分けて考えておられます。非常に鋭い洞察だと思います。秘密ということに関して我われはここまで考えつきません。だから理趣経の場合も、やはり相手の能力に応じて授けることが本義です。また、理趣経の中には、直接に説きにくい問題もたくさんあります。

こういうようなわけで、理趣経はほとんど公開されなかったわけです。あまり本にもなっていません。お師匠さんと一対一で伝授を受けて身につけていくことが必要であったのです。本書では、かくすことはかくさなければいけないが、理解することは理解していただくという方向で、書き進めていきたいと思います。もちろん、実践に関する面は、ここで問題にすべきことではありません。また、師匠から弟子に一対一で授けられるべき個所は避けて、理趣経というお経はどういうお経か、そして現実生活にどういうふうにその教えを生かしていくべきかという点を中心にお話したいと思っています。

理趣経の題名

歸二命シ上ル毘盧遮那佛

無染無著ノ眞理趣ニ一

生生ニ値二遇シ無相教ニ一

世世ニ持誦シテ不ラン二忘念セ一

弘法大師ニ增シ上ル二法樂ヲ一

大樂金剛不空眞實三摩耶經
般若波羅蜜多理趣品
大興善寺三藏沙門大廣智不空奉ツテレ詔ヲ譯ス

理趣経というお経を見ますと、まず「大楽金剛不空真実三摩耶経《たいらくこんごうふくうしんじつさんまやきょう》」と経題が書かれております。そして「般若波羅蜜多理趣品《はんにゃはらみったりしゅぼん》　大興善寺三蔵沙門《だいこうぜんじさんぞうしゃもん》　大広智不空《だいこうちふくう》　詔《みことのり》を奉《うけたまわ》って訳《やく》す」となっております。不空（七〇五～七七四年）という弘法大師のお師匠さんのお師匠さんにあたるかたの翻訳したものが、現在理趣経の代表となっていますが、ほかにもたくさん翻訳があります。

これが不空訳のお経の題目です。これを略して「理趣経」、あるいは「般若理趣経」と呼んでおります。

〝理趣〟とは何か

理趣というのは、サンスクリット語ではナヤ（naya）といいます。これは、もともとニー（nī）という語根の動詞からできています。ニーという動詞は「連れていく」とか、「引っぱっていく」という意味です。このニーという動詞からナヤという名詞ができましたので、ナヤとは連れていくもの、導くものとなります。そういうところから道とか方法とか、理趣すなわち正しいことへの筋道という意味になります。

何の道かということになりますが、道といってもいろいろあります。直線もあれば曲線もあり、高速道路もあれば新幹線もあるし、いろいろありますが、その道はどこかに通じているから道なのです。袋小路の道もありますが、どこかに導くもの、連れていくものが道です。いったい何の道かというと、「般若理趣経」といいますように「般若波羅蜜」への道だということです。

では般若波羅蜜とは何かというと、般若とはサンスクリット語でプラギャーと申しますが、その俗語形の発音を漢字で般若《はんにゃ》と写したわけです。般若というのは、みなさんよく聞いたことがあると思います。般若湯《とう》とか、般若の面とか、日本語になっています。あるいは「般若心経」というときの般若、これがプラギャー（Prajñā）ということなのです。これは「知恵」ということです。また、波羅蜜多とは、彼岸に到りついた――到彼岸《とうひがん》――と訳すサンスクリット語なのです。だから「般若の知恵」のあちらの岸に到りついた、悟りに至る状態、悟りの状態、般若波羅蜜多というのはそういう悟りの状態を表わします。般若理趣経というのは、般若波羅蜜、そういう悟りに達する方法を書いたお経となります。その方法は順を追ってお話していくことにしますが、だいたい、悟りにいきつく方法について書いてある経典だということです。

しかし、これは方法を書いているのですから、聞いただけでは何もならない。自分自身で実習することが必要になります。以上が、「般若理趣経」というお経の題名の一番簡単な解釈であります。

大きな楽しみ

前述のように、般若理趣経というのは略称です。それでは正式の「大楽《たいらく》金剛《こんごう》不空《ふくう》真実《しんじつ》三摩耶《さんまや》経《きょう》」には、いったいどういう意味があるかというと、まず大楽とは、文字通り大きな楽しみのことです。大きな楽しみとは何を指すか。たとえば、私が高野山から大阪まで出かけていくとします。昔だったら、てくてく歩いてたっぷり二日はかかったでしょう。それよりも、駕籠《かご》だとか馬に乗っていくとか、これは歩いていくより楽です。そういうことよりも、電車に乗っていくほうがもっと楽です。あるいは座席指定の特急に乗っていくほうが楽です。といったように、非常に労力がいることに比べて、乗りものに乗ると楽になる、そういう楽があります。また、乗りものだけではなく食べものでも、おかゆと漬けものだけで食べているより、おかずがついたほうがおいしそうだなと思います。

食べものといえば思い出しますのは、一九七七年、西チベットのラダック地方の仏教文化調査団の団長として、山奥にあるチベット寺院の調査にいったときのことです。そういう調査にいくときに日本から食べものをもっていくのは愚の骨頂で、食べものをもっていくなら、撮影用のフィルムとか、機械をもっていかないと調査ができないので、食べるものはすべて現地調達していました。私ぐらいの年になってくると、一カ月ぐらいは、食べなければという義務感で現地食を食べますが、二カ月目になってくると、異国の食べものはさすがに喉を通らなくなり始めます。「たまには白いごはんが食べたい」といいましたら、そのときの炊事係が「これから三日後にごちそうを出すぞ」といいます。楽しみで指おり数えて、何が出てくるだろうと待っていると、三日後に鰯《いわし》のかんづめが出てきたのです。そして、五、六人おりましたが、入っているのが小さいとか、大きいとか、食べもののないところで生活していると、みな目の色を変えます。食べもののうらみは恐ろしい。後でけんかになると困りますので、じゃんけんをして、かんを開けたら上から順に鰯を取っていこうということになりました。そうしたら、ちょうど人数分だけ入ってまして、けんかにもならず、久しぶりにおいしい食事がとれました。

日本では今、鰯のかんづめをごちそうだと思って食べる人は少ないと思いますが、ああいう食べものの不自由なところへいくと凄いごちそうです。そういうふうに、やはり、楽というのは相対的なものであります。日本であったら鰯というよりは、刺身とか、ビフテキとか、つぎからつぎへとごちそうがあります。そうすると、鰯よりもビフテキを食べたほうが「今日は楽しかった」というような、小さな楽しみと大きな楽しみが生まれてきます。

ところが、この大楽というのはそうではないのです。こういう、小さなものに対する大きなもの、という意味ではない。漬けもので食べるよりもビフテキで食べるほうがうまい、楽だ、という意味の楽ではない。相対的なものではないということです。仏教では「相対的なものはかならず無限の欲を引き起こす」といいます。ごちそうを食べあきても、もっとごちそうを食べたくなる。相対的なものですと人間の欲には限りがないので、いつまでたっても大楽《たいらく》になりきれません。

この大楽というのは相対的な楽しみでなく、大《だい》というのは絶対という意味なのです。絶対というのは、比較にならないということです。比較にならないというと、宗教的にいばりかえって遠く離れた、自分たちの身近でないようなことを想像されるかもしれませんが、大楽というのは、そういうことではありません。大とはそういう意味ではなく、後もどりしないということです。相対的なものに変わるような裏がない、ということです。

楽《らく》とは「楽あれば苦あり」という言葉があります。「若いときの苦労は買ってでもしろ」などともいいます。これは楽と苦が相対的である、苦しみの反対が楽しみという表と裏の関係である、苦しみがなくなれば楽しみになる、楽しみがなくなれば苦しみになる、ということです。表裏の関係になっているわけです。楽しみがあって、それがなくなるととたんに苦しみになる、という意味の苦しみであります。

ところが、仏教でいう大楽という言葉は、裏に苦をもたない楽だということです。仏教で大という言葉を使うのは、ほとんどが相対的でなく絶対的なものの意味で、大小の大ではないのです。そこを間違えないようにしていただきたいと思います。小さなものに対する大きなものではなくて、かけがえのないという意味なのです。

愛と憎しみ

たとえば、理趣経の中に出てくる言葉に愛という言葉があります。宗教で愛が出てくるのはあたり前じゃないかとお考えになるでしょうが、仏教では愛というのは煩悩なのです。執着《しゅうじゃく》——何かにとりつかれることなのです。何かにとりつかれることは、すべて煩悩です。愛というのはまさにそうでしょう。何かの対象にとりつかれること。だから、愛が裏切られたときは、憎しみに変わります。

愛は憎しみに変わる。「かわいさあまって憎さ百倍」といいます。愛は裏切られると憎しみに変わる。裏切られるとは何かというと、自分を残しているということです。自分を残しておいて、相手を愛するといっているだけの話で、相対的なのです。自分を残した愛であるから、裏切られると憎しみに変わる。だから、絶対的な愛とは、自分をなくすということだと思います。自分をなくしたときの愛というのは、ふつうの憎しみに変わる愛ではなく、絶対的な愛といってよいでしょう。だから、仏教では自分を残す可能性のある愛という言葉を使わずに、慈悲という言葉を使う。というのも、裏切られて憎しみに変わるようなものは、煩悩だということです。理趣経の中に大とか愛とか、いろいろ出てまいります。理趣経を読んでいただくためにも、ここをよくわかっていただくことが大切な点だと思います。

理趣経を表面的に読むと、セックスとか人殺しなどふつうの経典には見あたらないいろいろなことが出てきますので、巷間《こうかん》ややもすれば誤解されているようです。極端な場合には、理趣経とはセックスのことだけを説いた経典であるというようなイメージがあるわけですが、そういうものではありません。書いてあることをうわべだけ見たのと、本当の中身を知るのとは大違いということになります。だから、大楽というのも、うわべだけ見たのと本当の中身を知るのとでは大違い。大楽というのも、小楽に対する楽ではなくて、裏にかえることのない絶対的な楽という意味なのです。では、その絶対的な楽とはどうしたらできあがるか。お読みいただいているうちに出てきます。それが主題であるわけですから。「苦しみに変わることのない絶対的な楽しみとは何であるか」――ここにテーマだけは、お経の題の中にはっきり出ています。

金剛とは

つぎに「金剛」とはどういうことか。金剛とはダイヤモンド――金剛石であるとともに、金剛杵《こんごうしょ》という武器があって、それも意味しています。先の尖ったものが一本出た独鈷《どっこ》、これが三つ出ると三鈷というわけです。高野山には伽藍《がらん》の中に〝三鈷の松〟というのがあり

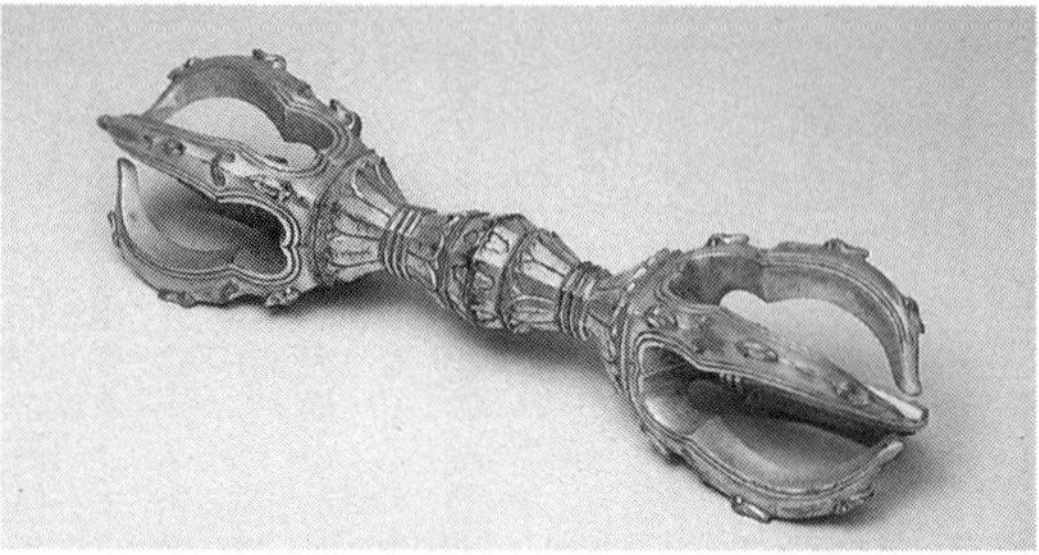

五鈷金剛杵　ソノブヨド博物館蔵（インドネシア）

ますが、あれには弘法大師が中国から三鈷を投げて、それがあの松にかかったという伝説があります。だから、松の葉はふつう二本に分かれていますが、あそこの葉は三本ある。

金剛杵の先端が五つになると五鈷です。これを五鈷《ごこ》金剛《こんごう》杵《しょ》といいます。五鈷金剛杵、三鈷《さんこ》金剛杵《こんごうしょ》というのが正式な名です。金剛杵は武器で、もともとは自分に襲いかかるものを突き刺す道具です。それが、だんだん先が曲がって装飾品化して、武器ではなく密教の法具になっていきます。

密教の法具になっておもしろいのは、おのおのにシンボリックな意味がつけ加わってくることです。密教というのは、あるものをそのまま使ってそのままの状態で違った意味をもつものにしてしまう。けんかをする道具をもってきて、けんかをするためではなく、それによって何か仏教の教義を象徴的に表現するために使うということです。密教ではそういうことが非常によく行われます。そこにあるものを一切合財とりこんで、それのもっている意味を仏教的にすり替えてしまう。けんかをする道具をけんかのために使うのではなく、仏教の教義をそれに含ませるように向けていく。

金剛というのは金剛杵からきていて武器である。もう一つの意味はダイヤモンドである。ダイヤモンドというのは堅い。堅固である。一般に菩提心《ぼだいしん》が堅いというたとえに、金剛という言葉が使われ、煩悩をつきくずす武器ともなるわけです。

不空・真実・三摩耶《さんまや》とは

それから「不空」とありますが、これは、不《ズ》レ空《シ》（空しからず）ということです。あたりはずれのないという意味だと思います。

そして「真実」。これは宗教的な絶対の真実ですが、我われがふつうに使っている真実と理解していただいて結構です。

「三摩耶経」の三摩耶とは、サンスクリット語のサマヤ（samaya）の音訳語です。サマヤとはどういう意味かといいますと、いろいろな意味がありますが、ここで使っているのは「悟りの境地」と理解していただきたい。

通してみますと、つまり「絶対的な楽《らく》とは金剛のようなものである、ダイヤモンドのように堅固な絶対的な楽しみをかならず与える、という真実なる悟りに至る」経典だと理解していただければよろしいわけです。大楽の境地、絶対的な楽しみにかならず到《い》きつけることを書いた経典だといった意味です。以上で、お経の題のアウトラインを終わります。

般若の空

理趣経の中に何が説かれているかというと、最後まで読んでいただかなければなりませんが、理趣経というとセックスについて書いてあるのではないかと、巷間いろいろいわれております。これははなはだしい誤解で、物珍しげに見て、拾い読みをしていくとそのようにとれます。また、現在がそういうセクシュアルな方面にかなり傾斜している時代でありますので、特にそういう面がもてはやされて喧伝《けんでん》されるのだろうと思いますが、何もセックスについて書こうとした経典ではないわけです。

それでは何かというと、この経典はまず欲望というか、人間の本来もっている生存のエネルギーのすばらしさについて、一つの方向から解答を出そうとした経典だと考えて下さい。さきほど、お経の題について述べましたが、これは「般若理趣経」と申しますように般若経の系統の経典であります。般若経の突然変異というか、般若経の系統の経典の変種なのです。般若経というのは、大乗仏教の経典の中の代表的なものです。理趣経は、小乗仏教ではなく大乗仏教の経典であります。般若心経などと同じような種類の経典です。

般若経とはそもそも何を説こうとしているかというと、「一切空」ということを説こうとしています。「色即是空、空即是色」などという言葉があるように、空ということを主題に説いていています。

空というのは何かというと、これを一言で説明するほどむずかしいことはないわけです。密教を一言で説明するのもむずかしいですけれど。空とは何かというと、分別ということを否定することなのです。分別とは、もともと仏教の言葉です。「あの人は分別がある人だ」というふうに、現在ではいい意味に使います。「あいつは無分別なやつだ」といったら、これは悪い意味です。ところが仏教では反対なのです。

仏教では本来、分別があるのは悪いことです。無分別のほうがよろしいのです。なぜかというと、分別というのは分《わか》ち別《わか》つことです。だから、自分と他人を分ち別つ、自分と外界のものをすべて区別してしまう。仏教では、これはいけないのです。本来、みな一つなのです。「一切衆生《いっさいしゅじょう》」といいますが、生きとし生けるものはみな同体である。だから、他人と自分とを分けてしまうのはけしからんことなのです。分別をなくすほうがよろしい。垣根を取り払ってしまうほうがよろしい。ところが、日本語はまったく逆に使っています。

あるいは「無学」、こういうのも日本語がまったく逆に使っている例です。「あいつ、無学なやつだ」といったらだめなやつです。程度の悪いやつを無学なやつというわけです。ところが、本来これも仏教の言葉からきているのですが、逆に使っている。仏教では無学がいいのです。無学——学ぶところ無し、もう勉強するものがない、最高のところへいっているということなのですから。今、日本語で使うのなら、学無でしょう。「あいつは学が無い」というのですから。これは漢文からいったら、やはり、無《シ》レ学《ブトコロ》（学ぶところ無し）

です。仏教の言葉の中でこういう例がいくつもあるのです。そもそも仏教用語であったものが日本語化して、本来の仏教の意味と違うように使っている言葉がこのほかにもたくさんあります。

ともかく分別というのは、仏教ではいけないことなのです。分別してはいけないということが空なのです。空とは、「分別するな」「分《わか》ち別《わか》つな」ということです。分別を捨てろということです。ところが〝空がわかりたい〟〝密教がわかりたい〟ということは、〝分ける〟ということです。あらゆる他のものと分けてしまうから、わかるわけです。だから、本来分けてはいけない空をわかりたいというのは、矛盾なのです。空というのは、そういった分ち別つものではないということです。そういう境地でありますから、空を言葉で説明するときには、「無・空・不」という言葉を使わなければどうにもならない。否定していかなければならないわけです。空というものは、現実にあるものの考えかたを一切否定していくことによって出てくるものですから。

仏教では否定して否定して、そのどんづまりの中に空ということを体験でわからせようとします。だから般若心経を読みましても、「無無明」「不生不滅」など、そういう「無・空・不」がいろいろ出てきます。

そういうふうに、どんどん否定することによってでなければ、空というのが出てこない。ところが、こういうふうにどんどん否定しても結局わからない。もともとわかる働きではないのですから。でも否定して最終的に出てくる、その最後のところでは肯定せざるを得ないのです。否定の究極のところにぱっと出てくる、これは肯定といってはいけないかもしれないが、何か積極的なものが出てくる。

空の肯定面

これは漢訳文献にはあまり出てきませんが、サンスクリット語やチベット語の文献を見ていますと、プラバースワラ（prabhāsvara）という言葉が出てきます。これは何かというと光り輝くものという意味です。どんどん一切の存在を否定していくと、最後に出てくるものは光り輝くもの。光というのは、電灯や太陽の光ではなくて、根源的な光のようなものをいいます。だから空というのは、どこまでも否定する面と、もう一つはそこにいやでも残ってくる肯定の面と、こういう二面をもっているのです。般若経というのも、そういった二面をもっています。

たとえば竜樹《りゅうじゅ》という人がいます。この人は、空を主題とした「中観《ちゅうがん》哲学」についての権威者です。「中論頌《じゅ》」「十二門論」という書物を書いた大乗仏教の最高の哲学者であります。この竜樹という人は、否定の論を書いたもののほかに、「大智度論《だいちどろん》」という大般若経に対する注釈書を書いておられます。大智度論のあたりになりますと、空といってももう完全な否定ではないのです。否定しつくしたところでぽっと出てくる、かなり肯定的な面が大智度論に出てきます。

あるいは大般若経。これは六百巻ありまして、一度に読みきれません。般若経の中には六百巻というような大部《たいぶ》のお経があるわけですが、空とか、無ばかりでは六百巻も書けません。だんだん、大般若経も後になるほど肯定面が出てくるわけです。理趣経も原形はこの大般若経の一部なのです。今の不空訳の理趣経の祖先があるわけです。だから般若理趣経なのです。こういうふうに、否定を重ねていく中から肯定面が出てくる。大乗仏教というのは、やはり否定面より肯定面に特徴があります。

欲望の問題について考えてみますと、初期仏教――釈尊の時代の仏教というのは、かなり専門的な、釈尊の弟子になって仏教を修行しようという道心堅固なかたが多く集まっていました。そうして一生懸命努力した。人間には苦しみがある。この苦しみから逃れるのが仏教の大きな課題でした。本来仏教では、苦というのは我われが痛いとか、熱いとかいうような、そんな意味ではないのです。仏教からきた言葉で「四苦八苦」というのがあります。我われは「景気が悪いのであいつ四苦八苦している」というような使いかたをします。この四苦八苦というのも金もうけができないから苦しいという意味に使っているのですが、本来苦というのは、仏教では自分の思い通りにならないということなのです。痛いとか苦しいという意味ではなくて、自分がこうしたいと思うのにそうならない生老病死を四苦と申しますが、生まれるということは自分の思い通りにならない、老いることも思い通りにならないから苦なのです。病気になることも、死ぬことも、自分の思い通りにならないから苦しみなのです。

苦のもとを探っていけば、無明《むみょう》というのにたどりつく。無明とは、結局のところ欲望なのです。人間、欲望をもっているから無明が起こってくるのです。途中に愛とかいろいろあって、それも欲望なのですが、その大もとは無明なので、またここにもどる。だから、苦しみをなくするためには、欲望をなくすことが大事だということになります。だから釈尊の弟子たちは、熱心に欲望をなくす修行をいたしておりました。いろいろ行もやったわけですが、こういう道心堅固な人たちにとっては、一切の所有欲や愛欲をなくす、独身生活を守る、托鉢《たくはつ》をしてきたものをみなで食べるとか、人間的欲望を極端までなくしていくこともある程度可能であるわけです。

「三衣《さんね》一鉢《いっぱつ》」といって、初期の教団では、三枚の衣と一つの托鉢の鉢だけが自分の所有で、あとはすべて共有で私有財産なしという原始共産社会です。プロであるからそこまで徹底できるわけです。ところが仏教というのはプロだけでないわけです。やはり、一般の民衆の中に仏教が広がっていきます。民衆の中に広がるということは、仏道だけ修行して托鉢で生活を得られる人だけが仏教の信者ではなくて、畑を耕したり、商売をしたり、ものを作ったりと、それぞれ自分の職業をもっている人たちも、仏教の信者になってくる。そうなってくると、欲望を完全に否定しろということはできないということです。

商売をしている人に「欲望を完全に捨ててしまえ」ということは、商売をやめてしまえということです。そういうところから起こってきたのが大乗仏教で、これは在家の人を含んだ仏教の流れになってきます。ということは、アマチュアの仏教徒が出てくることになります。道心堅固で一切を捨てて仏道に入ったのではなく、家族ももち、財産ももちながら信者になっていく人が出たのが大乗仏教です。だから釈尊のいわれたことを型通り守るより、釈尊の精神を守っていこうということになります。

しかし仏教が暖かいガンジス川の中流から、ずっとヒマラヤを越えてシルクロードのほうへ広がってまいりますと、三衣一鉢なんて、あのうすい衣だけでは過ごせないわけです。釈尊がいくら三衣一鉢とおっしゃったからといって、雪国であんなうすい布でというわけにはいかなくなる。すると、釈尊の精神をとって形は捨てようというふうになります。形より心だとなってくるのが大乗仏教だとお考え下さい。

欲望を生かす

また、大乗仏教になってまいりますと、欲望を完全に否定することはできないわけです。そして、欲望とは、否定しても否定しきれないものである。どうしてかというと、欲望とは人間の生存そのものにかかわっているからなのです。欲望を失ってしまえば、まず生きる意欲を失う。つきつめていけば、人間の生存そのものが欲望である。そうなると、欲望を押さえつけることが、大乗仏教の信者にとってはとてもむずかしくなる。初期仏教の僧侶のように、プロの道心堅固な人たちの少数集団の中では可能なことが、大きな何万という信者をもった大乗仏教教団では不可能になってくる。だから大乗仏教では、欲望を単純に否定するという方向には向かわないのです。欲望をもっていることが生存にかかわりがあると申しましたが、生存にかかわりがあるということは、生命力そのものであるということです。欲望の根源というのは、それぞれのもつ生命力であるわけですから。そういったものをいい方向に生かしていこう、今までの否定ということでなく、積極的に生かしていこうとする方向に向かっていくようになります。

たとえばしぶ柿です。しぶければまずい。しぶ柿からしぶを抜いても、それほどおいしくはならない。でもあのしぶ柿でも、干せば甘くなるわけです。だから、しぶ柿のしぶさをそのまま生かして甘くしてしまう、というあのやりかたです。欲望を否定するのではなく、欲望のもっている生命力をそのまま生かしてしまうやりかたというものを、大乗仏教では欲望の問題でも取り上げていく。だから大乗仏教というのは、般若経のようにどんどん否定していく面と、そのもっている生命力をもう一度大きく生かしていこうとする両面をもっているわけです。

たとえば、維摩経《ゆいまぎょう》という大乗仏教の経典があります。維摩経というのは、維摩居士《こじ》が主役です。維摩とは仏教の修行もつんでいるけれど在家であって、これが専門の坊さん以上に偉いのです。それが維摩経のおもしろいところです。プロよりアマチュアのほうが偉いのです。偉いというのは、位が高いというのでなく、修行を積んでいて、その真髄をつかんでいる。維摩経というのは、プロの人をちくりちくりと皮肉りながら、仏道の真髄を説いていくわけです。維摩居士は真理をとらえるのに小さなことにこだわらない。むしろものごとを大きく肯定的にとらえようとします。そうして否定のほうにとらわれている専門のお坊さんをいじめているところにおもしろさがあります。在家の維摩居士は大乗仏教の理想像のようなものです。

この維摩経なども大乗仏典の代表的なものの一つであって、大乗仏教ではこのように、本来もっているものを否定するのではなく、積極的にいいところをもっと大きいものに育てていこうといたします。けれども全面肯定するかというとそうではありません。そこをお間違えのないように。欲望をそのまま認めてしまったら、増大してとめどがない。タクアンがごちそうだったのが、今度は煮っころがしが食べたい、魚が食べたいという形で、欲望というのはどんどん大きくなって限りがない。だから、欲望を大きくしていくと、結局それがいかにむなしいかということがわかります。しぶ柿も欲望と同じで、日にあてて否定しなければ甘くならない、しぶそのものもくさってしまいます。いつまでたってもしぶ柿です。それを否定——日に干す——ということによって、本来もっている力を甘みに変えてしまうことが必要なのです。

欲望だってそのまま認めてしまったら、煩悩《ぼんのう》そのものです。だから、理趣経の中の欲望に対する考えかたも空の哲学の系列にあって、煩悩そのものを認めることではないのです。般若理趣経ですから。般若というのはいったん否定して、否定したところから出てくる肯定だということです。

たとえば、小乗仏教と大乗仏教があります。小乗仏教というのは、自利つまり自分が悟ろう、自分だけの小さな乗りものに乗って悟りの彼岸へ渡ろう、自分だけの修行をしてあっちの岸へいこうということです。結果は自分だけ受け取ればいい。これを阿羅漢《あらかん》といいます。阿羅漢というのは、自分だけが修行してその結果を手に入れる。小乗というのは一人用の乗りものです。大乗仏教というのはそうではない。みんなでいく。自分が修行してあっち――彼岸――へいく資格を得ても、自分一人ではいかない。この世に一人でも苦しんでいる人がいれば、この人を「先にどうぞ」と船に乗せるわけです。そして誰もいなくなったら、最後に自分がその船に乗って向こうの岸に渡っていく。般若波羅蜜の世界――あっちの岸へ渡っていく。だから大きな船に乗る。すべての人を乗せて、自分が最後に向こうの岸にいこうというわけです。こういうふうに、自分を捨てて他人のためにつくすということが大乗仏教にあるわけです。これが菩薩道――菩薩の道です。だから、大乗仏教の理想というのは、生きとし生けるものをことごとく向こう岸へお届けするということです。大きな船に先に積んであげる、自分は最後に乗って船頭になっていく。これは、欲望を否定していたのではできません。人を救ってやろう、助けてやろうという欲望がないとだめなのです。自分だけでというわけにはいかない。苦しんでいる人を見ると、捨ててはおけないというのは欲望です。だから大乗仏教というのは、そういう意味では、欲望の否定というよりも、いったん否定した上で、その力を積極的に生かしていこうという形をとるようになります。

理趣経の中に、世間でいわれるようなセックスの問題が出てきます。でも、これは自由奔放にフリー・セックスを認めているというのではけっしてありません。そういうセックスを認めているのではなく、セックスの本質はバイタリティ、生命力ですから、そういう生命力を積極的に生かすこと、その方法の一つとしてセックスの問題も取り上げる。人間の生命力の一つの部分として、セックスの問題もからまってきます。しかし、そこにあるセックスというのは、自分の欲望を満足させるためのセックスではなくて、また憎しみに変わるような愛ではなくて、自分を捨てたところの大きな生命力に育て上げる、大きな欲望に育て上げるということが問題になってきます。

それから密教というのは、さきほど述べましたが、金剛杵《こんごうしょ》でも、もともと武器であったものを利用して仏教の思想をその中に含めてしまう、というやりかたをあちこちで使う。セックスもそうなのです。誰でも知っている、日常生活を通じて誰でも経験する、そういうものを通じて、今度は、仏教本来の思想をその中にはめこみ、すり替えていきます。一番わかりやすいのですが、これは一歩誤ると大層危険です。わかりやすいといえば、これほどわかりやすいことはない。こういう非常に危険な要素が、密教経典、特に理趣経の中には、ふんだんに説かれているため、ある程度の段階にまで達していない人には説いてはいけない、秘密だということになってまいります。相手の目がかなりの程度まで育っていないと、セックスのことしか書いていない経典だと、好奇心で見られることになります。本来のものをつかまずに、表面的にそれを理解してしまう。そういう例が多いのです。

これから述べていきますが、理趣経というのは単なるセックスを売りものにする経典ではなくて、もっと大きな人間の生命力というものを問題にする経典です。生命力をそのまま使うことで、悟りへの道を開こうという経典である。人間のもっている最も根源となるバイタリティそのものを、押さえつけるのでなく、生かして、正しい道を教えることによって間違いのない方向へ引っぱっていこうというのが理趣経である、こうお考えいただいていいのではないかと思います。

第二章　理趣経ができあがるまで

密教はいつ興ったか

理趣経は密教の代表的な経典の一つでありますが、急に現在のような形のものが生まれてきたわけではなく、それにはながい歴史的な背景があります。理趣経を正しく理解していくためには、仏教の歴史、密教の歴史を、アウトラインだけでもとらえておく必要があるように思いますので、まず密教に重点を置きながら、仏教の歴史を簡単に眺めていきたいと思います。

密教がいつできたのかということは、密教の定義のしかたによってずいぶん変わってきます。密教をそのまま神秘主義的な宗教、呪術的・原始的な宗教と規定しますと、世界中のほとんどの初期宗教が密教であったということになります。また一方、仏教の中の密教と規定しますと、仏教の興ったあとに密教ができてきたということにもなります。しかし、仏教が興ってから密教が始まったとはいえないのではないか。密教の中には仏教以前のバラモン教の宗教儀礼や民間信仰がかなり混じっているから、密教の起源はバラモン教にあるのではないかと思っておられるかたも少なくありません。密教をどのようにとらえるかによって密教の起源の問題もだいぶ違ってきます。

インド密教はそれほど古くから研究されていたわけではなく、特に戦後になって、広い意味の密教に関する学問が進んでまいりました。その結果、密教を仏教史の中でどのようにみるか、もう少し大きくいえば、密教をインド思想や文化の中でどのように位置づけるかについて戦前の考えかたとはずいぶん変わってきたといってよいでしょう。

密教というのは、多くの材料からすぐれたものを選別したり、一つの原理が中心になって他の原理とか材料を切り捨てていくのではなく、一切のものをほとんど無差別的に抱きこみ、そのあと何らかのシステムを作り上げるタイプです。ほとんどの東洋思想は、どちらかといえばこういった傾向をもっています。それは、異質なものを切り捨て、純粋なものだけを残して、それを育て上げていく西洋思想のようなタイプではありません。密教というのは、現実に存在するすべてのものを何もかも包みこんで、それらを一定の原理によって、全体的にシステム化していく。こういったところに特色があります。ですから密教の起源といっても、材料があちらこちらに転がっていますので、どこから始めていいのかわからないわけです。

たとえば家を建てるとすると、材木もいりますし、釘やガラスや、セメントや石もいる。いろいろな材料が集まって一軒の家ができるわけです。ですから、一軒の家のもとは何かといっても、材木なのか石なのかセメントなのか、区別することはできません。そういう意味では、密教の起源はインド文化全体の中にあります。インドで仏教が興る以前から材料は全部あったということになります。ですから、釈尊が仏教を始めた時点から密教が始まったとはいえない場合もあるわけです。

たとえば真言密教では護摩《ごま》を焚《た》きますが、これももともとはバラモン教の儀礼で、インド人は仏教の始まるずっと以前から行っていました。あるいはこのごろ流行の瞑想《めいそう》、ヨーガにも同じことがいえます。現在のインド文明は、仏教の興るずっと以前に西のほうから入ってきたアーリア人が作ったもので、古いところでは「リグ・ヴェーダ」などの聖典が残されています。ところが、紀元前二千年ごろに興ったインド＝アーリア文化よりも前に、インドの原住民の文化、つまり今のアーリア文化とは質の異なった文化があったことがわかっています。これをインダス文明といいます。インダス川の中流に、ハラッパーだとか、モヘンジョ＝ダロの遺跡があります。紀元前二千年以前から、今のアーリア人とは違った人種がいて、古い高度な文明をもっていたことが、二十世紀初めの考古学的な発掘によってわかってきました。

こういうインダス文明の発掘品の中にヨーガをしていると推定される行者の像があります。これを見ると、樹のそばでヨーガをしているので樹木崇拝があったのだろうとか、女神があるのでインダス文明を築いた人たちは母系制社会であったのではないか、ということが考えられています。このヨーガも仏教から密教に移ってずっと伝わっています。また、女神の崇拝も密教の中に伝わっています。そういう材料を探し始めると、インド文明そのものが密教の起源であるともいえるわけです。しかし、そういいきると、バラモン教やヒンドゥー教がそのまま密教になってしまいますので、そこまで風呂敷を広げるというわけにはいきません。

仏教から密教へ

釈尊の説かれたものが初期仏教・根本仏教であり、仏教は釈尊から発生したといわれます。この釈尊の教えを忠実に守っていこうとする人たちによって小乗仏教ができた。それから、形を守っているだけではだめで、もっと精神を重視しようというところから大乗仏教ができてきた。これがインド仏教の公式的な見かたです。仏教が興って五百年間を釈尊の説いた教えが守られていた正法《しょうぼう》の時代といいます。それから五百年間過ぎると像法《ぞうほう》の時代、形だけ似たという意味です。それが過ぎると、仏教が世に行われない暗い時代、末法《まっぽう》がきます。これらの期間は五百年ではなく、千年単位で区切ることもありますが、これがふつう仏教で考えている歴史観です。

日本では、ちょうど平安時代の終わりになると、末法の始まりということで、末法の時代にふさわしい浄土教の信仰が興ってきました。このような仏教の歴史観――最初はよか

ヴィクラマシーラ寺（インド密教が最後に栄えた寺）跡（インド）

ったのだけれど、だんだん悪くなってくるという考えかたが、学問の中にも取り入れられました。釈尊の時代はよかったのに、時代がたつごとに仏教は堕落していくという考えかたです。大乗仏教になりますと、釈尊の教えを忠実に守るというより、その精神を重視するようになり、大乗仏教の終わりに密教が出てきた。ですから、戦前の仏教史では、密教は初期仏教の芳しい匂いを失い、バラモン教やヒンドゥー教を真似して、そちらに魂を売り渡してしまったのだと考えられていました。初期仏教はよかったのだけれど、だんだん堕落して、密教になるといよいよ堕落してバラモン教やヒンドゥー教に魂を売り渡した、仏教らしくない仏教になったという考えかたです。

ところが、戦後になってそうではないとい

うことがだんだんわかってきたのです。仏教は最初がよくてだんだん堕落してきた、と既成概念で頭から決めてかかるのはよくありません。初期仏教や大乗仏教の研究が進んできた結果、釈尊の教えから小乗仏教が出て、そのあとで、大乗仏教ができた、という一本の系列で仏教史は考えられないのではないかという意見が戦後強くなってきました。

二十世紀になってから、インド仏教の研究、あるいはインドの歴史、思想、インド各地の発掘調査や文化史的な研究が進んできますと、釈尊の教えの中には、小乗仏教に展開する要素も、大乗仏教に展開する要素もみなあったことがわかってきました。ある時代には小乗仏教、ある時代には大乗仏教の傾向が強く表われているわけで、仏教史を一本の線で考えて、堕落したとか、興隆したとか、そういう価値判断を下せるようなものではないということになってきます。思想的な面からだけ仏教を眺めるのではなく、戦後盛んになってきた文化史的な角度から仏教史をたどってみると、そんなに単純な変化ではなく、非常にいろいろな要素が混じりあって、仏教あるいはインドの思想が変化してきたという説が有力になってきまして、仏教の歴史を複線で考えていこうという研究が出てまいりました。

そうなると、仏教が初期―小乗―大乗―密教と次第に堕落していったというのではなく、釈尊の説かれた仏教の中に、小乗つまり部派仏教にも、大乗仏教にも、密教にも展開する要素はすべて含まれていたということになります。そうすると、ヒンドゥー教やバラモン教の要素をたくさんもっているため、密教は仏教が本来の魂を失って堕落した形態である、という今までの見かたが次第に変わってきました。ヒンドゥー教やバラモン教的な外形をもっているということは、むしろ密教がインドの民衆と深く結びついていたということではないか。仏教というのは哲学的な要素だけで広まったわけではなく、仏教を信じている民衆がいるからこそ広まっていったのである、という意味で、民衆と最も強く結びついているのは密教である、だからこそ民間信仰とか伝統的な宗教儀礼を自分たちの中にたっぷりと抱えこんでいるのだという見解が戦後の仏教史の研究では優勢になってきました。そういうことで密教の研究が、戦後になると重要視されるようになり、密教についての叙述がインドの仏教史の中でも非常に大きなスペースを割かれるようになったといえます。

民間信仰を包みこむ

密教というのは、形だけでみるとヒンドゥー教やバラモン教の要素がたくさん含まれています。マンダラを見ても、ヒンドゥーやバラモンの神がみをたくさん抱えこんでいます。外見からみると、ヒンドゥー教か、仏教かわからないのですが、密教で最も大切なことは、民衆の通俗信仰をそのまま取り入れながら、そういったものを仏教の精神によって意味づけるということです。いろいろな伝統的な宗教儀礼を全部包みこんでいって、包みこんだだけでは十分ではないのでそれを純化する。純化というのは、仏教化するということです。形はそのままでも、それに仏教の精神をそれぞれ与えていく。民衆の信じているものをそのまま取り入れ、仏教的な意味づけを与えてそっくり仏教化してしまうやりかたです。バラモン教やヒンドゥー教を取り入れながら、それを大日如来を中心とするヒエラルキーに組織がえして、それぞれに仏教的な意味づけをする。民衆の素朴な信仰を切り捨てて「お前たちの信仰はだめだからこっちにこい」というのではなく、全部を包みこんで、それを精神的に純化していく、仏教化していくという形です。このように密教は、表面的にはインドの民間信仰そのもののようにみえるが中身は違うという点が、だんだん明確になってきました。

宗教と呪術と科学の総合

密教の歴史をみる場合、そう単純にはいかないけれども、釈尊の中にも密教の要素はあったわけです。密教の大きな特徴である呪術的要素を考えてみると、現代人の我われにとっては、呪術とは前近代的なものであって、価値のない切り捨ててよいもののように思われます。

密教はそういう呪術的要素をもっているから前近代的で堕落したといわれるのですが、洋の東西を問わず古代民族にとって、呪術は科学だったのです。科学と宗教は、同じ基盤から出ています。ヨーロッパの歴史では、中世になってこれらがはっきり二つに分かれるようになってきましたが、もともとは一体でした。科学と呪術が同じであるというと妙に思われるかもしれませんが、どちらも錬金術《れんきんじゅつ》から出てくるわけですからふしぎではありません。古代人にとっては、同じ方法をくり返すことで同じ結果が出てくるという科学のやりかたと、呪術のやりかたはまったく一緒なのです。

サンスクリット語では、科学、学問を意味するのにヴィディヤー（vidyā）という言葉を使います。インドにおいて五明《ごみょう》というのがあり、それは声明《しょうみょう》、工巧明《くぎょう》、医方明《いほう》、因明《いん》、内明《ない》の五種の学問の区別をいいますが、この場合の明は学問のことです。おもしろいことに、この言葉には科学、学問という意味のほかに、呪文の呪という意味もあります。これを仏典では明呪《みょうしゅ》と訳しています。明というのは学問、科学であり、呪というのは呪術を意味しますが、この二つはもともと同じものであったということをこのヴィディヤーという一語で示しているのです。

密教経典の中には、天文学や数学が全部包みこまれ、当時の科学と呪術が一緒になってお経の中に入っております。一方、ヨーロッパの歴史の中では、宗教と科学をはっきり分けています。ガリレオ・ガリレイが宗教裁判で「それでも地球は回る」といったように、教会と科学の分離は早くから行われておりました。あるいは、魔女狩りのような形で、民間信仰とキリスト教との分離がありました。けれども、東洋では近世になるまでこれらが一体となっていて、呪術でもあり、科学でもあり、宗教でもあるという形で、宗教が展開していたわけです。

真言密教の祖師の一人である一行《いちぎょう》禅師というかたは、すぐれた天文学者でもありました。中国政府は、この人をお坊さんとしてではなく、非常に精度の高い暦を作った天文学者として評価しています。我われからみると妙ですが、古代から中世の人たちにとっては、宗教者が科学者であることはけっしておかしくないのです。弘法大師だって、中国へいって仏教だけ勉強してきたわけではなく、帰ってきて満濃《まんのう》の池という大きな貯水池の修築工事をやっている。我われが現代考えるような、宗教と科学と呪術の三つをはっきり分ける考えはもともとないのですから、呪術といっても、我われが価値判断を入れて「あんなものは現代的ではないからだめだ」という呪術ではなく、古代人にとっては日常生活そのものであったともいえます。

釈尊と呪術

たとえば、インドでジャングルの中を歩くとき、蛇に襲われないように、ヒュー、ヒュ一と声をたてながら歩くのは生活の知恵です。ところが、そういうものが経典の中にもちこまれ、我われが現代の合理主義に支配される環境の中で生活の知恵について述べた経典を読むと、あれは古代人の呪術だということになるわけです。これを呪術とみるか、生活の技術とみるか、我われの現代的判断で区別をつけてはいけないのです。

たとえば、釈尊が呪術をどうみたかというときには、それは現代の我われの頭の中にある呪術ではないと考えて下さい。こういう呪術の歴史をみる場合にも、釈尊はたてまえとして呪術を否認された。仏教の修行をするお弟子さんたちは、そういうものに惑わされず魂の浄化に心がけなさいということで、今までの生活習慣、宗教儀礼を仏教教団にもちこむことを否定された。しかし、釈尊はそれを真正面から否定されたわけではないのです。呪術を否定したら、生活技術そのものを否定することになりますから。

インドの宗教は非常におもしろい。ヒンドゥー教が現代のインド宗教の基盤になっています。あれは、言葉の上からは宗教だと思えるでしょうが、我われのいう意味の宗教ではないのです。ヒンドゥーイズムというのは、インド人であることの生活そのものなのです。我われは宗教形態だと思っていますが、インドの人たちはそれを除外しては日常生活を送れないわけです。釈尊は今までのバラモンの宗教儀礼は魂の浄化には無価値であるとされたけれど、そういった意味で、自分たちの護身のための生活技術である呪術というものをあながち否定されなかった。イエスともノーともいわずに黙認されたのです。

仏教教団に民族宗教が入る

しかし、こういったものは、彼らの生活の中ではきちんともち続けられていました。初期仏教の仏教教団というものが、道心堅固で仏道修行をする少数のエリートの間にかぎられているときは、そういうふうにはっきりバラモン教的なものは排除することも可能でしたが、大乗仏教になると、在家の人が主体となってきます。自分の仕事をしながら、自分の生活の支えとして、仏教を信仰していこうとする人たちが中心となって大乗仏教の教団は大きくなっていきます。大乗仏教は、紀元前後からインドに興ってきますが、そういう広がりをもったからこそ、仏教は南にも北にもアジア全域に広がっていったのです。そうなると、従来の儀礼を否定するわけにはいかないのです。今までの呪術的要素も積極的に仏教の中に取り入れていくことが行われるようになってきます。

インドでは紀元前五ないし六世紀になってきますと、ガンジス川中流にかなり進歩的な自由思想家たちが出てきます。それまでの農村を中心としたバラモン社会の優位性がそろそろくずれ始めて、ガンジス川中流に、商工業を中心とする階層が出てきます。そうなると、今までの農村にいきわたっていたバラモン教の体制や思想を自由に批判する人たちが出てくる。釈尊もその一人なのです。ジャイナ教もその一つですが、かなりアンチ・バラモンの自由思想家が出てきたわけです。今までの権威に対してまったく新しい価値観をもちこんで宗教を作ろうとする動きが、紀元前五ないし六世紀に出てまいりました。

時代とともに仏教はガンジス川中流地方から周辺部に広がっていくわけですが、インドの大衆の生活の中でバラモン教的な伝統をどうしても除去することができなくなります。仏教はガンジス川中流から広がって、社会基盤がバラモン的な農村におよんでいく。そうすると、インドの伝統的な生活技術を仏教の中に取り入れなければ、仏教が広がらなくな

ガンダーラ仏　カルカッタ・インド博物館蔵

るわけです。その結果、仏教はバラモンと絶縁した自由思想として出発しながら、日常生活の技術としての伝統的な宗教儀礼を取り入れるようになっていきます。

仏像を刻む

仏教では最初のうちは仏像を作っていません。仏像を作るようになったのはかなり時がたってのことです。それまでは釈尊のような偉大な人物を彫刻や絵画では直接表現せず、天《てん》蓋《がい》と座とか、仏の足跡とか、法輪でもって間接的にその存在を示していました。ところが、紀元前後から東西文明の交流が盛んになり、インドにギリシア文化が入ってくると、ギリシア彫刻の影響を受けて仏像を作るようになったのです。西インドのガンダーラやガンジス河畔のマトゥラーあたりで仏像製作が始められたのです。釈尊を人間の姿では表現しないという伝統がくずれて、このころになると、ギリシア風な姿で刻まれるようになりました。ガンダーラ地方の仏教美術がそれです。

仏像が刻まれるようになりますと、その前に、香や花を供えたり、礼拝《らいはい》を行ったりといった簡単な宗教儀礼が行われるようになるのは当然のことです。二世紀ころには、そういった仏像の前で礼拝し供養する経典が現われました。

マトゥラー仏　カルカッタ・インド博物館蔵

密教儀礼の整備

四世紀の初め、ガンジス川の中流地帯を基盤にして、グプタ王朝が興り、次第に勢力範囲を広げ、力をもってきます。このグプタ王朝はバラモン教を保護し、その復興運動に努めます。こうした時代を背景に、仏教の中にも急速にバラモン教の影響が強められていくわけです。

護摩の儀礼　高野山大学　加行道場

仏教教団の中に堰《せき》を切ったように、民族信仰の神がみやバラモン教的な儀礼が入りこんでいったのも、この時代のことです。おそらく、マンダラのもとになる四仏とか四天王は、この四ないし五世紀ごろから始まったのではないだろうかと考えられます。あるいは、もともとバラモン教の儀礼であった護摩《ごま》の儀礼が仏教の中に入りこんだのも、だいたいこのころのことです。大乗経典の最初のうちは、護摩はバラモンの儀礼として書かれていましたが、四世紀ころになると、護摩の壇の築きかたが仏教経典の中に入ってくる。それは何のためかというと、自分たちに訪れる災難を逃れたいとか、病気を治したいという、現世利益《げんぜりやく》のためなのです。そういった流れが仏教の中にも出てまいります。

あるいは、大乗仏教の神がみの数と種類が非常に豊富になってきます。薬師《やくし》如来《にょらい》とか文殊《もんじゅ》菩薩《さっ》、弥勒《みろく》菩薩、観音《かんのん》菩薩などが、広く信仰されるようになってくる。仏像の上では多面多臂《ためんたひ》像、つまり顔や手がいくつもあるようなヒンドゥー神的なものが仏教に取り入れられていきます。あるいは、農業社会にとって大切な雨乞いとか止雨、このようなものもバラモン教の儀礼の中にあったものが仏教に取り入れられ、これを主題とした仏教経典ができてまいります。あるいは、仏像の前で観想《かんそう》する方法なども整理されてきます。

時代がたつに従って、仏教儀礼も非常にシンプルなものから複雑なものに次第に整備され、仏、菩薩、明王《みょうおう》などの数が豊富になりますが、今のようなマンダラはまだできておりません。マンダラができあがるのは七世紀になってからです。インドの民族信仰を抱きこんだり整備したりしながら、そういう準備を着々と整えておいて、七世紀に一挙に花が咲くわけです。

中期の密教経典

密教の歴史からいうと、六世紀終わりまでが初期の密教で、仏教の中に宗教儀礼、呪法がとりこまれて密教ができあがっていく過程です。七世紀の初めになって「大日経《だいにちきょう》」と「金剛頂経《こんごうちょうぎょう》」ができあがります。大乗仏教の般若経は、紀元前後から二世紀ごろにできた経典で、〝空〟を主題にして説く経典です。一方、古くからの儀礼的なものを組み合わせながら、次第にさまざまな密教経典ができあがってまいります。

大日経と金剛頂経、これら両経典を中期の密教経典といって、それまでにできた密教経典とは区別します。日本流にいいますと、初期の密教を雑密《ぞうみつ》、中期の密教を純密《じゅんみつ》といいます。雑密というのは、いろいろなものを密教の中に寄せ集めたという意味で、純密は、これを純化したということです。大日経と金剛頂経は、弘法大師が日本に密教をもたらし真言密教の教学と実践法を樹立する基礎になった、重要な経典となりました。

初期密教との違い

大日経などの中期密教経典は、初期の密教経典に対していくつかの特徴があります。まず第一に、初期の密教経典は仏説《ぶっせつ》といって歴史的人物である釈尊の説いたものとなっていますが、大日経や金剛頂経になると、教主《きょうしゅ》が実在性のない教理的な性格をもつ大日如来に変わります。

第二にいろいろな宗教儀礼や呪法を行うのは、初期の密教経典では、災難をよけたり病気を治したりするためのいわゆる現世利益が目的です。ところが大日経や金剛頂経になってくると、儀礼を行ったり修法する目的は、現世利益だけではなく成仏のためだ、自分の欲望を満足させるためではなく、自分自身の宗教的自覚、自分が仏になるために行うのである、というふうに変わってきます。こういう形で純化が行われています。

第三に、中期密教経典になってくるとマンダラができます。それまでばらばらで組織だっていなかったマンダラがまとまり、大日経を中心として胎蔵《たいぞう》マンダラができ、金剛頂経を中心として金剛界《こんごうかい》マンダラができる。こういう形でマンダラができるのも、中期密教の大きな特徴です。マンダラの材料は非常に古くからあるわけですが、七世紀になってはじめてできあがります。

第四に真言《しんごん》・呪《じゅ》・ダラニ、あるいは印契《いんげい》――印契（手の指を組み合わせて真理を象徴的に示すジェスチャー）はだいたい五世紀ごろに現われましたが――など、ばらばらに説かれていたこれらのものが、印契とダラニと精神の集中が一つのセットになって身《しん》、口《く》・意《い》の三密つまり身体・言葉・心の三つを有機的に組み合わせる方法ができあがる。それまでは、呪文としてダラニをとなえるだけ、あるいは印契を結ぶだけで精神集中が入ってくる余地がなかった。ところが「ダラニをとなえ印契を結び、精神集中することで成仏が果たされる」といった三密の融合した修法の体系が中期密教経典に現われてきます。

第五番目に、これらの経典になってくると、大乗仏教の理想、思想的なものが、宗教儀礼の中に組みこまれ、密教の儀礼に仏教的意味づけ、思想的意味づけがなされる。こういった意味で、大日経と金剛頂経は非常に特徴のある経典です。

大日経がどこでできたのかというのは、いろいろな説があります。西インドとか北インドという説がありますが、私は中インド説をとっています。今のパトナとかナーランダーあたりにできたのではないかと思います。金剛頂経は南インドでできています。

後期のインド密教

後期密教は八世紀以降に、金剛頂経が主体となってよりヒンドゥー教的な色彩を加えて展開してきますが、日本に密教が影響を与えたのは、インドでは七世紀の中期密教までです。シルクロードや南の海を渡って中国に伝えられた密教を、弘法大師（空海）、あるいは伝教大師（最澄）が日本にもたらしました。中国には宋代に、つまり十一世紀ころに、インドの後期密教が伝えられていますが、それほどはやらなかったようです。

それとは逆に、チベット仏教ではインドの後期密教が中心になって栄えます。なぜかというと、七世紀ごろから文化に目覚めたチベットが、このころから仏教を積極的に取り入れました。チベットが仏教を受容したのは、中国やシルクロードの国々よりずっとおくれ、インドでは密教が最も盛んな時期です。ですからチベット仏教には、最初から密教的なものが反映している。中国はそうではありません。紀元前後からシルクロードを伝わって仏教が入っていますから、大乗仏教的なものから伝わって密教があとから入ってくるという形です。チベットは国ができたのがおそく、後期密教の影響をまともに受けました。チベット密教の仏像を見ると、忿怒尊とか、男女の合体仏だとか、後期のインド密教の影響をもろに受けております。

理趣経は金剛頂経の一種

以上で、ごく大ざっぱに、インドでの密教の興りと、その発展についてお話しました。それでは今、問題になっている理趣経はその中のどのあたりに位置づけられるか、という問題が当然起こってまいります。この理趣経は、インド中期の代表的な密教経典である金剛頂経の一種なのです。

真言密教の伝統的な見解によれば、金剛頂経というのは、十八のそれぞれ違った場所で説かれた十万頌《じゅ》という非常に厖大《ぼうだい》な量の経典のグループをいいます。そのうち第一番目の経典が、「真実摂経《しんじつしょうぎょう》」といい、金剛智《こんごうち》が四巻に分けて訳し、不空《ふくう》が三巻に訳しています。いずれも部分的な訳で、全体はサンスクリット語とか、チベット語訳として現存していますが、漢訳では宋代の施護《せご》によって訳された三十巻本が全訳にあたります。しかしそれらは第一番目の初会《しょえ》といわれる金剛頂経のことです。金剛頂経はそのほかにも第二会から第十八会まであったといわれています。

理趣経はこの金剛頂経の第六会にあたるということになっています。したがって理趣経の構成とか思想は、初会の金剛頂経である真実摂経の影響を強く受けています。

また一方、理趣経は大乗仏教の代表的な経典である般若経の思想を基盤としています。般若経の空《くう》の思想を、密教の代表的な経典である金剛頂経の積極的な現実肯定の思想でもって、再構成した経典が理趣経であるといってよいでしょう。

理趣経の注釈書の一つの中には、理趣経は、般若経を母とし、真実摂経を父として生まれた経典だと書かれております。それはこの経典の生いたちをうまくいい表わした言葉だと思われます。

さまざまな理趣経

理趣経といえば、現在では、主として真言宗の常用経典である不空訳の般若理趣経のことを指します。ところが理趣経といっても、この不空訳だけではありません。現在知られているだけでも、サンスクリット語と中央アジアの言葉が混合したテキストが一つと、チベット語訳に三本、漢訳に六本あります。それぞれが大なり小なり相違しており、理趣経はさまざまな形をとって流通していたことがわかります。

理趣経の中で最も古い形をもつのは玄奘《げんじょう》が七世紀の中ごろ訳した大般若経六百巻の第五百七十八巻に相当する「般若理趣分」一巻です。そのほか七世紀の終わりころ、菩提流《ぼだいる》志《し》が訳した「実相《じっそう》般若経」一巻とか、金剛智訳の「理趣般若経」一巻などが、不空訳以前に訳された経典です。

不空の「大楽《たいらく》金剛《こんごう》不空《ふくう》真実《しんじつ》三摩耶《さんまや》経《きょう》」つまり「般若理趣経」は七六三年から七七一年の間に訳されたもので、現在、真言宗の常用経典となっています。

そのほか宋代の施護が十世紀の終わりに訳した「遍照《へんじょう》般若経」一巻は、それまでの漢訳のいずれとも相違し、異なったサンスクリット語のテキストによったことがわかります。また宋代の法賢《ほっけん》が十世紀の終わりに訳した「最上根本大楽金剛不空三昧大教王経《さいじょうこんぽんたいらくこんごうふくうさんまいだいきょうおうきょう》」は七巻というかなりの分量に増大した理趣経で、不空訳にない記述が多く含まれております。

チベット語訳も、厖大な量のものと、短い分量のものとさまざまな形の理趣経を伝えております。

理趣経の変遷

理趣経の源泉は玄奘訳の「般若理趣分」にあり、不空訳の「般若理趣経」ができあがる百年ほどの間に、真実摂経の影響を受けて積極的な主張をさらに加え、密教経典として整備されていったことが内容をくわしく調べてみるとわかります。

不空訳以後の理趣経は漢訳、チベット訳とも急激に分量が増大していますが、これは不空訳にないマンダラの画きかたとか、修法についての記事を加えたためです。

大乗経典の一つである大般若経の一部分として呱々《ここ》の声をあげた理趣経が次第に密教教理を整え、不空訳において、その密教化が完成したようにみえますが、まだ印契《いんげい》、真言《しんごん》、マンダラなど修法に関する記事に乏しく、後にそれらを付加していったものと思われます。

ただ理趣経の注釈書として漢訳されているのは、不空の「大楽金剛不空真実三摩耶経般若波羅蜜多理趣釈」二巻だけです。が、この中には、理趣経の各段のマンダラの画きかたについても触れておりますので、不空の時代には、理趣経のマンダラが画かれていたことはわかります。

この不空訳の注釈書は「般若理趣釈」と略称されていますが、伝教大師が弘法大師にこの注釈書の借用を申し込み、それがかなえられず、それ以後、両者の交友関係が途絶えたことでも、その名がわが国では有名になりました。

第三章　理趣経の構成

理趣経の付加句

つぎに理趣経の構成について話を進めてまいります。現在、漢訳の仏典をまとめたものとしましては、「大正《たいしょう》 新脩《しんしゅう》 大蔵経《だいぞうきょう》」という叢書があります。これは全部で百巻からなり、仏教研究には欠かせないものです。この叢書の中にも理趣経が収められていますが、それを見ますと、現在、真言宗のお寺で読んでいるものよりも短くなっています。

どこが違うのかと申しますと、真言宗で常用経典としていますものには前後につけ加えられた部分があります。まず「大楽金剛不空真実三摩耶経《たいらくこんごうふくうしんじつさんまやきょう》」という経典の題目がありまして、「般若波羅蜜多理趣品《はんにゃはらみったりしゅぼん》　大興善寺三蔵沙門《だいこうぜんじさんぞうしゃもん》　大広智不空《だいこうちふくう》　詔《みことのり》を奉《うけたまわ》って訳《やく》す」とあります。これ以下が本来のお経です。これより前の五行ほどは、勧請《かんじょう》の句もしくは啓請《けいじょう》の句とかいっております（二四ページ参照）。これがつけ加わったものです。また終わりのほうに「皆大歓喜信受行《かいたいかんきしんじゅこう》」と書いてありますが、ここまでが本来の形です。その後に「毘盧遮那仏《びるしゃなぶつ》」と八度重ねて書いてあります。これを合殺《かっさつ》と申します。さらにその後にあります「我等所修《がとうしょしゅう》三昧善《さんまいぜん》」より「同一性《どういつしょう》故入《こにゅう》阿字《あじ》」までを、廻向《えこう》の句といいます（二八六ページ参照）。つまり、前に一つと後に二つ、合計三つの付加された部分があるわけです。

付加分があることがなぜわかるかというと、中国とか朝鮮半島で開板された理趣経を見ると、これがないわけです。ということは、わが国に伝来されてからこういうものがつけ加わったということがわかります。

日本製であると同時に、いつごろこれがつけ加わったかということが問題になります。同時にできたのではなさそうです。なぜかと申しますと、この付加句を読みますのに、漢音《かんおん》読みのものと、呉音《ごおん》読みのものがごっちゃになって混ざっております。

漢音で読む理趣経

ふつう仏教の経典は呉音で読みます。呉というのは中国の揚子江《ようすこう》の流域で、南にありますが、その地方ではやっていた仏教が日本に入ってきたために、仏典は呉音で読むのがふつうになりました。

ところが、七世紀以後に日本に唐の文化が入ってきます。そうすると、洛陽《らくよう》とか長安《ちょうあん》とか、唐の都は北にありますから、ここらは漢音を中心にした地域です。ですから日本にも漢音が入ってきまして、奈良時代末に「漢字は漢音で読むべし」という勅令《ちょくれい》が出たりしました。平安初期は漢字を読むのに、漢音で統一しようとした時代であったと思われます。ですから、それまで呉音で伝わっていた仏典の読みかたを、漢音で統一しようということで理趣経などは漢音で読むわけです。金剛《こんごう》と読むのは呉音で、漢音で読むと金剛《きんこう》なのです。現在、一般に漢字を読むような読みかたです。

当時、すでに仏教の言葉に耳が慣れていた人には非常に聞きづらく、〝こんごう〟と読むのがふつうなので〝きんこう〟と読まれると、さて何だったかな、ということになってきます。理趣経は、一般の人に安易に知らせてはいけないような内容をたくさん含んでいるので、意図的にみんなが耳で聞いてもわからないように漢音で読んだ、という俗説ができていますが、そういうことは、おそらくありえないでしょう。内容を知らせてはいけないから漢音で読むというのではなく、平安時代の一つの流行、漢音こそがふつうの中国の言葉であるという流行がここに反映している、とみたほうがよいと思います。

また、鎌倉時代になると宋の時代の仏教を日本は受け入れます。これも南方の仏教ですから、言葉がまた、どうしても呉音になってしまうわけです。日本では、仏教読みというのは呉音だということになっていますが、理趣経をはじめ、二、三、漢音で読むお経があります。今、真言宗のお坊さんがお読みになるとき、最初の勧請《かんじょう》の句の毘盧遮那仏というのは、ふつう通り〝びるしゃなぶつ〟と読むわけです。ところが、巻末の合殺《かっさつ》の毘盧遮那仏は〝ひろしゃだふ〟と読みます。〝びるしゃなぶつ〟というのは呉音ですが、〝ひろしゃだふ〟というのは漢音です。このように漢音と呉音という読みかたの相違をみますと、これらは日本で異なった時代につけ加わってきたということがわかります。

理趣経にいつ付加分ができたか

それでは、いつごろこれがつけ加わったかということになります。そういうことを知るのに古文書とか、古い写経を見て、どこから理趣経が始まってどこで終わっているかということを調査していくという方法があります。これをくわしく調べた研究によりますと、理趣経の最古の写本と目される平安末の永治二年（一一四二）写の大東急記念文庫本には付加句がまったく見あたらない。しかしそれより少しおくれる久安六年（一一五〇）藤原定信《じょうしん》の写経（書芸文化院蔵）には、廻向《えこう》の句だけが入っている。また、鎌倉時代の元仁二年（一二二五）、明恵《みょうえ》上人《しょうにん》の筆になる写本（高山寺蔵）には、廻向の句だけがある。さらに弘安二年（一二七九）という銘のある、奈良の西大寺蔵の興《こう》正《しょう》菩薩の体内に納めてあるお経には、この勧請《かんじょう》・合殺《かっさつ》・廻向の三句がすべて入っている。

ところが、かならずしもこの時代に三つがどこでも完全にそろって読まれていたというわけではないのです。それより後の永仁二年（一二九四）とか、同六年の鎌倉時代後期の写経の中には、廻向の句だけしかないものがあります。ある時代にいっせいにできたわけではなくて、やはり写本によっては、廻向の句だけであったり、合殺と廻向だけ、あるいは三つそろったりしています。

また一方、十二世紀後半には製作されていたとみられる「理趣三昧次第法則」（「大治二年曼荼羅供次第」所収）では、三つがすべて揃っています。

こういうことから、遅くとも平安末までには三つそろった理趣経が一部では出来上っていたとみてよいでしょう。

密教の念仏

この合殺というのは毘盧遮那仏のところですけれど、前に申しましたように、真言宗のお坊さんは〝ひろしゃだふ〟と読みます。八つ書いてありますが、高野山では現在、十一ぺんとなえております。これを続けて「ひろしゃだふ、ひろしゃだふ、……」と真言宗のほうでは読むのですが、これは聞いているとまさに念仏なのです。「なむあみだぶつ、なむあみだぶつ」という代わりに「ひろしゃだふ」と呼びかけている。ですから、やはり念仏信仰の盛んな時代に、真言宗では阿弥陀さんではいけないからということで、「毘盧遮《ひろしゃ》那仏《だふ》」という念仏がつけ加わったのではないかと思われます。これはまだ推定なのですが、そういってもよいと思います。

こういう具合に、理趣経というのは前と後に付加句、おまけがついたことになる。ですから、本文は今の「如是我聞《じょしがぶん》」のところから「皆大歓喜信受行《かいたいかんきしんじゅこう》」のところまでだと、考えていただいていいわけです。

内容の分けかた

そうしますと、付加句を除いたあとの古くからの部分はどういう順序になるかというと、仏教の経典は通常三つに分けられます。序分《じょぶん》、正宗分《しょうじゅうぶん》、流通分《るずうぶん》、の三つに分けるのがふつうのやりかたです。序分というのは、まさに今いう序文です。正宗分というのが、現代でいう本文にあたります。それでは、流通分というのが結論にあたるのかというと、そうではなくて、このお経を読んだり書いたりしたら、どういう功徳《くどく》があるかといったこと、このお経を聞く人びとに知っていただく（流通《るずう》をする）ための個所です。これは今日的にいえば、お経のPRにあたると思います。この三つに分けるのが、ふつうのお経の分けかたのしきたりです。

理趣経は「如是《じょし》我《が》聞《ぶん》」より「純一円満清浄潔白《じゅんいつえんまんしょうじょうけっぱく》」までが序分です。「説一切法清浄《せついっさいほうしょうじょう》句門《くもん》」以下が正宗分で、最後の「一切如来及《いっさいにょらいきゅう》菩薩《ぼさつ》」から「皆大歓喜信受行」までの四句が流通分にあたります。大まかな分けかた、骨組みを申し上げました。

十七段に分かれる本文

不空訳の般若理趣経の本文は、十七章に分かれます。理趣経では、通常それを十七段といっております。各段の最後には、一字の真言である心真言《しんしんごん》の梵字《ぼんじ》が書かれているので、その区切りははっきりしています。不空訳以外の理趣経では、この区切りのついていないものや、段の数に若干の相違が認められます。

不空訳の理趣経の十七段は、それぞれの段には、別々の如来が教主となって、それぞれ独自の主題を展開させていますが、その部分は主題の提示と、その展開の部分に分かれます。ついでそれぞれの教えを受持する功徳が説かれますが、この功徳の叙述が失われて見あたらない段もいくつかあります。最後に、各段の説き手である如来が、菩薩に姿を変えて現われ、各段の内容をサンスクリット語の一字真言に要約して終わるという形式になっています。

なぜ理趣経が読まれるのか

真言宗のお寺では、法事やお葬式のとき、かならずといってよいほど理趣経が読まれ、理趣経は真言宗の常用経典となっています。真言密教の教理とか実修法は、大日経《だいにちきょう》と金剛頂《こんごうちょう》経《ぎょう》にもとづいて構成され、この両経は真言宗では、「両部の大経」といって大切にされています。

それにもかかわらず、真言宗では、両部の大経が常用経典ではなく、理趣経がそれです。なぜそうなったか、疑問に思われるかたも多いと思われます。

両部の大経は読むのには長すぎるからだとか、理趣経は金剛頂経の一種だから、理趣経が常用経典になっているのだといわれたりします。でも読むのに長すぎるというのは、いかにも便宜的にすぎますし、金剛頂経を読むのであれば、初会《しょえ》にあたる真実摂経《しんじつしょうぎょう》をなぜ読まないのでしょうか。もっとほかに理由がありそうです。

こういった疑問をもって、両部の大経と、理趣経を読んでいて、やっとその理由がわかりました。大日経や金剛頂経のうち初会にあたる真実摂経には、経典を読誦《どくじゅ》する功徳《くどく》についてはまったく触れられておらず、理趣経にはそれが書かれているためだと思います。読んで功徳があると書いてあるお経がはじめて常用経典になる資格があるのです。

それでは大日経や金剛頂経の初会にあたる真実摂経に、なぜ読誦の功徳が記されていないのでしょうか。その理由は、これら両経は読誦する経典ではなくて、修法するための経典だからです。密教経典というのは、本来、修法の手引きであって、それを読んで功徳にあずかるという性質はもってはおりません。

経典読誦の功徳は一般に大乗経典に説かれているところで、その点からいえば、理趣経は密教経典であるといっても、もともと大乗仏教の代表的な経典の一つである般若経を母胎として生まれた経典ですから、その中に経典読誦の功徳がまだ残っているわけです。密教経典であって、しかも経典読誦の功徳の説かれている経典だからこそ、理趣経が真言宗の常用経典となったのだと私は思います。

釈尊に代わって大日如来が説法する

仏教の経典であるかぎり、その経典の教えは釈尊が説いたというのが常識です。ところが大日経とか金剛頂経といったインド密教の中期の経典では、釈尊ではなく、大日如来の教えになっています。理趣経もそうです。大日如来が出てきて教えを説く密教経典は、仏教ではないと非難されたりします。

釈尊は紀元前五世紀ころインドで活躍された仏教の開祖ですが、大日如来というのは、いつごろ生きていたかたなのかという疑問も出てきましょう。でも大日如来は釈尊のように、人間としてこの世に生まれてきた歴史上の人物ではありません。仏教の教理の上から生まれてきた仏さまです。それでは、なぜ密教経典では、釈尊に代わって、現実性のない大日如来という特別の仏さまが教えを説かれるようになったのでしょうか。

なぜかというと、釈尊がお説きになった教え、真理というものは、釈尊がこの世にお生まれになる前からあった。ですから、非常に古い仏教経典にも、釈尊が世に出ようと出まいと、真理はちゃんとある、「真理は常住《じょうじゅう》である」という考えかたがありました。如来が世に出る、出ないに関係なく「法は常住」、法は、仏教では真理ですから「真理は常にある」という考えかたが仏教にはあります。釈尊がこの世にお生まれになって、自分自身で作り出した真理ではなく、この「永遠の宇宙の真理」を釈尊がこの世にお説きになったのだと考えるわけです。わかりやすくいうと、釈尊というのは、ラジオの受信機と考えて下さい。電波は世界中をかけめぐっていても、そのままでは誰もわからない。しかし受信機を備えると、音になって声になって聞こえる。真理というのは電波であって、釈尊というのは受信機のような役割です。

一般の仏教経典では釈尊のほうを大事にしますけれども、密教の経典になってきますと、釈尊のお説きになったものよりも、もう一つもとになる、真理そのもののほうが焦点になります。だからお釈迦さまというのは、仮にそのような姿でこの世に出てきて真理をお説きになった。しかし、そのもとになる真理があるのではないか。それならいっそのこと、本家のほうのものを仏さまと考えたらどうであろうかということになるわけです。

仏身は三種ある

だから、釈尊の悟られた真理そのものを仏さまと考えた、それが大日如来ということです。ですから歴史的な人物よりも「法」を中心に考えている。法・真理そのものを身体にした、これが法身《ほっしん》です。法身というのは、真理そのものを具体的な仏さまで表わしたものです。大日如来がそうです。もとになるものに焦点があるから、それがこのお経になって表われていると考えるわけです。

それに対して釈尊を応身《おうじん》という。歴史的人物としてこの世に身体をとったのを応身といいます。仏身はこれだけではありません。もう一つあるのです。ふつう二つにする場合と三つにする場合がありますが、もう一つ分けると報身《ほうじん》というのがある。

報身というのは何かというと、たとえば阿弥陀さま、報いによってきたもの。阿弥陀さまというのは、過去世《かこせ》に四十八の大きな願をたてられまして、その願の報いによってこの世に出てこられたからだと。「衆生《しゅじょう》を救おう」、世の中で苦しんでいる人を救おうという願を過去世にたてられて、その願の報いによってこの世に姿を現わした。この阿弥陀さまのような仏さまを報身という。ふつう、仏さまの身体をいうのには、三つの性格によって違った考えかたがあるということです。

法身が説法する

大日如来は法身《ほっしん》ですが、真理そのものを仏さまと考えた法身というのは、説教するかしないかということが大きな問題となってきます。真理そのものが、我われに説教するはずがないではないかということです。歴史的な人物として現われた人が法を説くからこそ、私たちに説教が聞こえてくるわけで、真理そのものが我われに語りかけてくることはない。「法身は説法せず」というのが仏教界の常識だったわけです。

こういう説に対して弘法大師は「法身は説法する」と大胆にいってのけたのです。これが弘法大師の教えの中では、仏教の他の宗派と大きく違う点です。一般の宗派では、法身は真理そのものだから説法しない、それを弘法大師は「真理は説法するのだ」とおっしゃった。法身が説法するのはどうしてかというと、最初の章で秘密ということをお話ししました。秘密になってはいないが、我われのほうに受け取る力がないから秘密になっているというお話の続きになります。法身はいつも説法しているのだけれど、我われは、それを受け取る力がないだけの話だと。そういう法身の説法を受け取るだけの宗教的な境地が進めば、木々の葉をそよがせる風の音でも、小川のせせらぎを聞いても、それによって真理を悟ることができる。枯れ葉が一枚落ちるのを見て、はっと悟るというようなことがあります。そういう具合に、自分のほうの能力さえ整えられれば、法身の説法を受け取ることができる。釈尊のように具体的に言葉で説かなくとも、法身は説法することができると弘法大師は説かれております。

四種の法身

法身は、自性《じしょう》の法身・受用《じゆゆう》の法身・変化《へんげ》の法身・等流《とうる》の法身の四種類に分けて考えられます。これを四種法身と申します。まず、自性法身とは何かというと、これは真理そのもの、真理を自性とするということです。これは真理そのものを仏さまにしたもので、もともとは大日如来であります。真理そのものは絶対で、我われが爪をひっかけることもできないぐらい完全な、まん丸の球と同じようなものです。

つぎに受用法身は何かと申しますと、大日如来があまりに完全で、とらえるのに何か手がかりがいる。ですから、完全無欠の大日如来の性格を四つに分けて「阿閦《あしゅく》・宝生《ほうしょう》・無《む》量光《りょうこう》（阿弥陀《あみだ》）・不空成就《ふくうじょうじゅ》」の四仏にしたわけです。たとえば阿閦如来は、大日如来の中の勇気とか、永遠性をもち、受用できるような形に表わした仏さまです。宝生如来は、人間のもっている価値を見つけ出そうという仏さま。阿弥陀如来は大日如来の中の慈悲性を表わす仏さま。不空成就如来は、大日如来のもっている実行力を表わす仏さまです。このように、大日如来のように完全ではなくて、その中の特徴ある性格を別々にもっているものを受用法身といいます。つまり、大日如来ではなく四仏のようなものです。法身ではあるけれど、少しつかまえどころのあるのが受用法身です。

つぎに変化法身は何かというと、歴史的に現われた釈尊のようなものです。釈尊のように現実世界に姿をとって具体的に現われたものですが、釈尊は単なる説法者ではなく、法身なのです。密教のほうでは、釈尊も法身が歴史的に現われてきたのだと考えます。そこで釈尊のようなかたを変化法身といいます。

最後の等流法身は非常に密教的な仏さまであります。法身が等しく流れるというのはどういうことかというと、たとえば隣にいる人を見てごらんなさい。そのお隣に座っているかたが法身なのです。同じ流れの、ということは、自分と同じ姿をして出てきた法身ということなのです。

我われは、抽象的な仏さまには近寄りがたいけれど、自分にいろいろなことを教えてくれたり、世話をやいてくれる人も法身です。それだけではなく、嫌な思いをさせたりする隣の人も法身なのです。これはおもしろい考えかたです。人間の姿をとらずに、犬や猫の姿をとって法身が現われてくる場合もあります。それがみな仏さまで、大日如来の現われなのです。犬や猫でも、大日如来がそういう形で、我われに何か真理を伝えようとして出てきているのだという考えかた、これが等流法身です。密教のように「現実世界に存在するものはみな仏さまである」という大きな考えかたをもっていないと、この等流法身は出てこないわけです。そうすると、あらゆるもの、犬や猫や、蚊や蠅までもが等流法身ということになります。このように、大日如来の現われかたを四種類に分けて考えています。これは専門的なことですけれど、頭のどこかに入れておいて下さい。

理と智の法身

それから法身ということで、もう一つお話しておかなければならないのは、理法身《りほっしん》と智法身《ちほっしん》という分けかたです。理法身は何かというと、大日経の世界、胎蔵マンダラです。それから智法身は、金剛頂経の世界、金剛界マンダラです。真言宗の伝統的な教学の中では、このように考えられてきました。では、理法身と智法身はどういう意味かといいますと、理と智になるわけです。真言宗の考えによれば、この二つは一つだと考えます。説明しやすいように二つに分けているけれど、本来理と智は不二《ふに》なのだといいます。理というのは客体的な存在、智というのは主体的な存在を表わします。理は客体であるから物質で、智は主体であるから精神だという場合もあります。このようにものと心に分けて、胎蔵界はもので、金剛界は心だとするとわかりやすいのですが、そこまでいうとちょっといきすぎです。

ギリシア哲学でノエマとノエシスといいます。智がノエマで、理がノエシスにあたるわけです。主体と客体、自分とそれ以外のもの、こういうふうに考えていただいたほうがより近い。理法身とは自分以外のものですから、宇宙の真理そのものです。一方、智法身とは自分から見た真理、主体的なという意味です。

だから、金剛界マンダラと胎蔵マンダラがどう違うかというと、胎蔵マンダラは客体的な原理ですから宇宙の真理そのものを絵に表わし、そこから我われに語りかけてくる図です。金剛界マンダラは、自分たち人間が真理の世界にいくためには、どういうプロセスがあるかということです。金剛界マンダラは振り出しから上がりにいく道であり、胎蔵マンダラは上がりから振り出しのほうを見るということです。

伝統的に昔から、理法身の法は「従《じゅう》果《か》向《こう》因《いん》」の原理、結果から因のほうへ向かう原理だといわれています。果というのは仏さまの世界、因というのは凡夫《ぼんぷ》の世界です。ですから、胎蔵マンダラは仏さまの世界から人間の世界へと向かうことです。これに対して金剛

胎蔵曼荼羅

金剛界曼荼羅

界マンダラは「従因向果《じゅういんこうか》」、因のほうから果に向かう、人間のほうから仏のほうに向かうと、伝統的に考えられてきました。そして、このどちらか一方でもだめなのです。両方の立場が一つになったとき、完全な悟りが開ける、それが理智不二《りちふに》だという説明がなされています。

第四章　序分の内容

経典の内容を大ざっぱにつかむ

如クレ是ノ我レ聞ク。

一時

薄伽梵

成二就シ殊勝ノ一切如來ノ金剛加持ノ三摩耶智一ヲ

已ニ得二テ一切如來ノ灌頂寶冠一ヲ爲三リ三界ノ主一ト

已ニ證二シ一切如來ノ一切智智ノ瑜伽自在一ヲ

能ク作二シ一切如來ノ一切印平等ノ種種ノ事業一ヲ

於二テ無盡無餘ノ一切ノ衆生界一ニ一切ノ意願ノ作業ヲ皆悉ク圓滿セシメ

常恆ニ三世一切ノ時ニ身語意業ノ金剛ノ

大毘盧遮那如來ガ

経典には、最初のところで、五《ご》成就《じょうじゅ》といって、「このように私は聞きました、ということを信じ・いつ・誰が・どこで・どのような聴衆に向かって説いたか」ということをまずはっきりさせる区切りかたがあります。専門的な言葉でいいますと、信成就《しんじょうじゅ》・時《じ》成就・教主《きょうしゅ》成就・住処《じゅうしょ》成就・衆《しゅう》成就と、この五つを五成就といっております。

このように私が聞きました

まず信成就は、信ということがあって、これは何かというと、お経の最初には必ず「如《じょ》是《し》我《が》聞《ぶん》」という言葉がある。「是《かく》の如《ごと》く私が聞きました」という意味ですが、これを信成就といいます。お経というのは仏説だからといって釈尊が筆をとってお書きになったわけではありません。今あるのは釈尊の説だということになっていますけれど、著者が釈尊だというわけではないのです。

どうしてお経ができたかと申しますと、釈尊というのは、お弟子さんたちに、時と場合によっていろいろなお説教をされた。多くの人を集めてというより、少人数の人たちに、それぞれにふさわしい形で仏教の教えをお説きになったのです。お弟子さんたちはそれを聞いて——ノートに筆記してというわけにはいきません——釈尊の教えられたことは、すべてお弟子さんたちの頭の中に入っているわけです。

今でもそういう伝統は残っていまして、インドへいきますと、伝統的なバラモンのお坊さんからお弟子さんが学ぶ学校というのは、机があって教室があってというのではなく、大きな木があって、木の下にみな丸く座っているのです。教室なんかはないわけです。あっても、とても暑くて入れません。やはり、大きな木の下の木かげのほうが、風通しもいいし、一番勉強しやすい。そこでお師匠さんがべらべら、サンスクリット語で喋っておられる。そして、お弟子さんがそれを復唱して、自分の頭へたたきこんでいく。これは、やはりバラモンの伝統的な勉強のしかたであります。だから、バラモンのお坊さんは非常に記憶力がいい。若いときから、そういう修練をつんでいるわけです。だから、本なんか絶対使わない。お弟子さんもそれを口移しに習っている。日本だって昔はそうだったのです。「古事記」などは、口伝えに伝承してきたものをまとめたものです。

釈尊の時代もそうでして、それぞれのお弟子さんたちに、それぞれにふさわしい教えをお説きになったわけです。そうしますと、釈尊の在世中は何でも聞きにいけばすぐ教えていただけるのでよかったのですが、釈尊のお亡くなりになった後、ちょっと困ったことが起こってきました。みなを集めて講義をなさったときでも、こっちの人とあっちの人は違った聞きかたをしています。お釈迦さまというのは少人数のかたにそれぞれお教えになっているから、後になって合わせてみると、ずいぶん違っている。「お釈迦さまに私はこう

仏説法所　霊鷲山ラージギル（インド）

くるわけです。聞いた」と、聞きかたによっていろいろ違って

そこで、釈尊が亡くなって百年ほどたつと、結集《けつじゅう》というのが行われました。結集というのは、お弟子さんたちが集まって「私はこう聞きました」ということを、それぞれの専門家が間違いのないようにまとめようじゃないかといって開かれた会議のことです。

お経をまとめる専門家、律《りつ》をまとめる専門家、論《ろん》をまとめる専門家、それぞれ専門ごとに集まりました。こういう結集が第一、第二と、何回も開かれてくる。そうしないと釈尊のおっしゃったことを、あっちの人とこっちの人と違うように聞いていることが多いからです。このようにしてお経というのはできてきたわけです。ですから、釈尊が、お経を書いたわけではなくて、教えを聞いた人たちが結集して、「こういうふうに釈尊がおっしゃった」ということで、お経ができてきた。ですから、お経の最初には「このように私は聞きました」という言葉が入っているのです。

これは信じるしかないわけです。「私はこういうふうに聞きました」ということで、釈尊の署名入りではないのですから。そういうことでかならずお経には「如是我聞」とある。したがいまして、信から始まるわけです。まず最初に信成就というわけです。これは現代語に訳しようがありませんから、信成就としておいて下さい。お経の最初にかならずこれがある。

密教の経典は釈尊が説いたわけではないけれど、仏教の伝統に従って、大日如来の説法を聞くというところから同じように「是《かく》の如《ごと》く私が聞きました」という形式をとっているものが少なくないようです。

いつ説いたか

そのつぎに時《じ》成就《じょうじゅ》というのがあります。これはいつということです。理趣経では「一《いち》時《じ》」と書いてあります。これは午前の一時でも午後の一時でもありません。この一時というのは「あるとき」という意味です。時期を特定しない、時を定めない、時間だけではなくて、年月日、時間といったものを限定しないという意味です。「昔むかし、あるところに」の昔むかし、というようなものです。これが時成就です。「如是《じょし》我《が》聞《ぶん》一時《いちじ》」となるのがお経の一般的な出だしです。

誰が説いたか

つぎに誰がというのが教主成就《きょうしゅじょうじゅ》です。誰がこのお経を説いたのかを述べます。

この理趣経では、まず「薄伽梵《ばがぼん》」と書いてあります。この「薄伽梵」から、後に出てくる「大毘盧遮那《だいびるしゃな》」まで、これはすべて大毘盧遮那仏にかかる形容詞です。ずいぶん長いのですが大毘盧遮那仏が偉いから長くなったのではありません。これは、これだけのことを全部入れなければならない、いわれがあるわけです。

薄伽梵とは何か

まず薄伽梵《ばがぼん》とはいったい何かと申しますと、サンスクリット語でバガヴァット（bhagavat）という言葉があります。サンスクリット語というのは、日本語のように助詞「てにをは」をつけて文章ができるのではない。サンスクリット語は格が細かく八つに変化します。その中の、バガヴァットという言葉を主格「何なにが」に直すと、バガヴァーン（bhagavān）になります。このバガヴァーンを音訳すると薄伽梵になります。

バガヴァーンとはいったいどういう言葉かと申しますと、それはバガ（bhaga）とヴァット（vat）という二つの言葉が合わさったものです。バガはもともとブッジュ（bhuj）

という語根からきた言葉で〝食べる〟ということです。これを名詞にしてバガという形にすると〝食べるものがいっぱいになった〟ということになります。お腹がいっぱいになったということは幸せなことなのです。腹がへってはは、おこりっぽくなってあたりかまわずどなりちらしたり、心が貧しくなる。「衣食足りて礼節を知る」といいますが、お腹がいっぱいになることは幸せということです。だから、バガという言葉は、幸せという意味になってくる。幸運、吉祥《きっしょう》、おめでたいことです。

ヴァットは、何なにをもっているという意味です。サンスクリット語で、このヴァットをつけると、何なにをもっているということですから、おめでたいものをもっている人、あるいは、おめでたいものをもっているもの、ということを薄伽梵は意味します。吉祥なる、おめでたいものをもっている人と。だから、大日如来を形容する一番最初に、〝非常におめでたいものをそなえている〟という形容詞をつけます。

これを意味から翻訳することもあります。意味から訳すと、世尊《せそん》ということ。これなら聞いたことがあるかもしれません。ちょっと、仏典などをお読みになると、釈尊のことをお弟子さんたちが世尊と呼ぶ。〝世尊よ、これはどういうことでございましょうか〟などという形で仏典の中に出てきます。〝先生よ〟という意味で使うわけです。だから、世尊というのは、そのまま釈尊のように思われているかもしれませんが、これはかならずしも釈尊とイコールではありません。世尊というのは、〝先生・尊いおかた〟という意味なのです。吉祥なる人、おめでたい人ということです。

大毘盧遮那如来の意味

つぎに「大毘《だいび》盧《る》遮那《しゃな》如来《にょらい》」。このうち最初の〝大〟以外はサンスクリット語をそのまま音写したものです。大は意味をとった翻訳です。全体をサンスクリット語で書きますと、マハーヴァイローチャナ（mahāvairocana）、如来はタターガタ（tathāgata）です。そのうちマハー（mahā）というのは、マハーヤーナすなわち大乗の大の意味なのです。これは音訳せず、意味の上で大と訳したわけです。これを音訳すると、「摩《ま》訶《か》般若《はんにゃ》波《は》羅《ら》蜜多《みった》」の摩訶にあたる言葉です。摩訶という言葉は日本語にもなっています〝摩《ま》訶《か》不《ふ》思《し》議《ぎ》〟などの摩訶もそれです。

つぎにヴァイローチャナ（vairocana）というのは、ルッチュ（ruc）というサンスクリット語の語根からきています。これは何かというと〝輝く、きらきら輝く、光り輝く〟という意味です。輝くという言葉に、〝非常に〟という副詞をつける、それがヴァイ（vai）なのです。このヴァイをつけるとルッチュに強い意味をもたせることになります。だから〝よく輝く〟と。それから後にアナ（ana）をつけますと、名詞になります。このようにサンスクリット語では動詞を名詞化するときアナをつけることがあります。そしてルッチュを名詞化するときは、母音のuがoに変わる。サンスクリット語のcaの音は、ふつうは〝チャ〟と読みます。そこでこれは、ヴァイローチャナと読みます。

それを音訳すると毘盧遮那《びるしやな》となります。だから、ヴァイローチャナとは何かというと、〝非常によく輝くもの〟という意味です。非常によく輝いているものは何かというと、電灯ではなく、やはり、太陽であるわけです。これを意味の上からいうと大日如来なのです。「大日如来」といっても「大毘盧遮那如来」といっても、意味は同じです。かたや、音訳をしたもの、かたや、意味の上で訳したもの。ここまで申し上げると「おかしいぞ、大日如来と毘盧遮那仏と一緒なのかしら」とお考えになるかもしれません。日本では分けて考えております。東大寺の大仏は盧遮那仏といいます。しかしそれは大日如来ともとは一つなのです。日本では華厳宗では盧遮那仏と呼び、真言宗では、摩訶毘盧遮那如来、すなわち大日如来と申しております。

大きなお日さま

大日如来とはさきにも述べましたように、〝大きなお日さま〟という名前です。大毘盧遮那の毘盧遮那というのは、〝光り輝くもの〟であります。光り輝くものは、一番原初的な形では、太陽になります。そこで大きなお日さまということになりますが、この大きなというのは、小に対する大ではなく、絶対を表わす大であります。大日如来の大もそういう意味をもっています。小さなお日さま、大きなお日さまということではなく、お日さまの性格をもった絶対のものという意味です。

大日経の注釈書に「大日経疏《そ》」という書物があります。これは、善無畏《ぜんむい》と一行《いちぎょう》という人が、大日経を翻訳すると同時に、注釈書として作ったものです。日本で大日経の研究をするという場合は、特に真言宗では千年来、大日経そのものを研究するのではなく、ほとんどその注釈書である大日経疏を勉強することになっています。大日経疏を勉強することが、大日経を勉強することなのです。ですから、特に真言密教の教学では、この大日経疏というのは、非常に大事な書物になっています。ここでは理趣経の話が中心ですので、あまり大日経疏のほうに深入りはいたしません。しかし、これは、国訳にもなっておりますが、「大正《たいしょう》新脩《しんしゅう》大蔵経《だいぞうきょう》」では、百巻のうち、第三十九巻にあります。この書物の冒頭に、なぜ大日というかという説明があるわけです。

なぜ大がつくか

そこに、お日さまに大という字をつけるのはなぜか、現実のお日さまに対して、大日如来というのは、どういった意味で大がついているのかといったことが説明されています。光と闇があって、昼間は明るいが、夜になると暗くなる。こういう明るくなったり、暗くなったりするような気まぐれなお日さまには大がつかない。ところが、大日如来というのは、どんなところでも光り輝く。大日如来の大は、昼、夜なしに輝くという意味の大であります。これが一つの定義です。

　それから、お日さまの特徴というのは明るいという性格だけではありません。そのほかにどういう性格があるかというと、暖かい。お日さまがかんかんあたるところは暑いけれど、日陰に入ると涼しい、こういう熱を与えることもお日さまの役目であります。ところが大日如来のお日さまというのは、日なたも日陰もなしに、いつも暖かさを送り届けてくるというので、大がつくのです。

　お日さまの役目は光と熱、そしてもう一つ役目があります。それは、ものを育てる力を与えるという役目です。お日さまのおかげでものが成育していくのですから、まったくお日さまのあたらないところに種をまいても植物も芽を出してこないわけです。そういう、ものを育てる役目があります。生きとし生けるものの一切を育てる役目をしているのが、この大日如来なのです。こういう意味のことが大日経疏にのっています。

　こういった意味を一つにして、大日如来の性格を「除闇遍明《じょあんへんみょう》　能成衆務《のうじょうしゅうむ》　光無《こうむ》消滅《しょうめつ》」と表わします。除闇遍明とは、「闇を除いて遍《あまね》く明るくする」ことで、真言宗のお寺の参道の灯籠には、片方に除闇、もう片方に遍照と書いてあります。よく使われておりますが、もともと大日如来の性格を表わす言葉です。

「能成衆務」というのは、よく一切のお勤めを達成する、すべてのものを育てていくということでしょう。それから「光無消滅」とあって、光が消滅することがないことを表わします。

つまり、除闇遍明というのは、大日如来の知恵の徳を表わし、能成衆務というのは、大日如来の慈悲の働き、すべてのものを育てることを表わし、さらに光無消滅というのは、真理が永遠で不滅である、そしてかぎりなく方便活動《ほうべんかつどう》をするということを表わした言葉です。大日というのは、こういう三つの功徳《くどく》があるのです。これは、大日経疏の冒頭にのっている説明です。

五智如来

この大日如来の性格についてもう少しくわしく申し上げます。それが理趣経の「薄伽梵《ばくがぼん》」から「大毘盧遮那如来《だいびるしゃな》」までの長い形容の言葉を説明することになるわけです。

理趣経というのは、もともと金剛頂経《こんごうちょうぎょう》というお経の系統です。金剛頂経によって書かれたマンダラを「金剛界マンダラ」、また金剛界マンダラの中心の仏さまを、金剛界の五仏といいます。一般に日本では「五智如来《ごちにょらい》」といわれています。表を見ていただくと、阿《あ》閦《しゅく》、宝生《ほうしょう》、無量光《むりょうこう》、不空成就《ふくうじょうじゅ》、という金剛界の四仏があります。無量光とは無量寿《むりょうじゅ》ともいいますが、阿弥陀さまのことです（以下阿弥陀とします）。こういう四人の仏さまの中心に大日如来がいて合わせて五仏になります。

〈五仏〉　〈部族〉　〈位〉　〈色〉　〈印〉　〈座〉　〈三昧耶形〉

大日	如来	中	白	智拳	獅子	塔（輪宝）
阿閦	金剛	東	青	触地	象	五鈷杵
宝生	宝	南	黄	与願	馬	宝珠
阿弥陀	蓮花	西	赤	定	孔雀	蓮花
不空成就	羯磨	北	緑	施無畏	金翅鳥	羯磨（剣）

表を見ていただくと位《くらい》と書いてあります。これは位置のことです。中、東、南、西、北と書いてあって、これはマンダラの中で仏さまがどういう位置に座っているかということです。金剛界マンダラでは、下のほうが東にあたるのです。地図とはだいぶ違います。阿閦如来のおられるのが東です。

そのつぎに色と書いております。日本に伝わったマンダラというのは色がなくなっているのです。ほとんど我われの肌色のような色の仏さまになっていますが、本来は色もはっきり決まっていました。その色は、大日如来は白、阿閦如来は青というか黒というような色、宝生如来は黄色、阿弥陀如来は赤色、不空成就如来は緑色をしている、本来はこんな色です。チベットに残されている金剛界マンダラを見ると、きっちり色分けされています。日本にくると、なぜか色が抜けてしまうわけです。

それからつぎが印《いん》です。印は仏さまを見分ける大切な要素の一つです。手で結ぶ、正式には印契《いんげい》といわれるもの、つまり両手をいろいろ組み合わせて、何かの意味を表わすジェ

金剛界五仏　アルチ寺壁画
（ラダック地方）

スチャーです。

大日如来

中央の大日如来は、白色で智拳印《ちけん》を結んでいます。智拳印は左手の人さし指を立てて右手でこれを覆う形をします。忍者の印のような形です。左手人さし指は我われ衆生を表わし、それを覆う右手は仏を意味し、この印を結ぶと、我われ衆生と仏が本来一つなのだということを表現するものとされます。

大日如来の白色は、四仏の色を全部一つに合わせたもので、透明な太陽の光を表わすようにに思えます。絶対で普遍的な大日如来の性格は透明を表わす白色が最もふさわしい。透

上（西）・阿弥陀如来
中（中）・大日如来
下（東）・阿閦如来
右（北）・不空成就如来
左（南）・宝生如来

四面大日如来像　ニューデリー博物館蔵
（ナーランダー出土）

明な太陽の光もプリズムにかければ七色に分かれます。金剛界マンダラでは、それは四仏の色、つまり青、黄、赤、緑の四色です。

大日如来は四仏それぞれにその性格を分け与えるというわけですが、大日如来の普遍性を表わすために、大日如来が四つの面をもつことがあります。西チベットのラダック地方のアルチ寺の壁画の大日如来がそれですし、西チベットのスピティ地方のタボ寺には、彫像の四面大日如来がまつられています。いずれも高野山大学の学術調査団が報告しております。四面大日如来はチベット以外では皆無というわけでもありません。たとえば中インドのナーランダー地方から出た四面の大日如来像がインドのニューデリーの国立博物館にありますが、我われ日本人にとっては珍しいものです。

阿《あ》閦《しゅく》如来

阿閦如来の印は触地印《そくじいん》といいます。触地印というのは、結跏趺坐《けっかふざ》して右手を膝から下に下げて中指を大地に触れる。左手は膝の上で親指と人さし指で丸く輪を作ってのせています。これは、インドでは昔から天地の神に誓いをする印なのです。釈尊も悟りを開かれるときに、悪魔が誘惑してきたので、この印を結ぶと、たちまち退散したという話がありま す。触地印を結ぶことは、天地に誓って悪魔をやっつけるということです。魔をくだす印、降魔《ごうま》の印ともいいます。阿閦如来は、忿怒相《ふんぬそう》をした、非常にいかめしい怒りの仏さまです。

阿閦というのは、もともとけっして怒らないと誓いをたてた仏さまです。それが怒りの仏さまに変わってくるわけです。青黒というのは、人間、腹をたてたとき青黒い顔をしますが、そういう色です。それが阿閦如来です。ただし仏さまの怒りですから「こんちきしょう、ばかにしやがって」という怒りではありません。もっと大きな、世の中に平和に暮らしている人びとを襲ってくる悪魔への怒り、そういった大きな怒りを司る仏さまです。

宝生《ほうしょう》如来

宝生如来は、右手を阿閦如来と同じく下げていますが、手のひらを外に向け、左手は結《けっ》跏趺坐《かふざ》した膝の上にじっと置く印、つまり与願印《よがんいん》です。「さあどうぞ、何でもあげましょう」というしるしです。世の中の宝を見つけ出す仏さまです。体の色は黄色、黄金の色をしています。値打のあるものをみな見つけ出していこうという、与願印を結んだ仏さまです。

阿弥陀如来

つぎの阿弥陀さまは、みなさんご存じの定印《じょういん》。定印は禅定《ぜんじょう》をしている意味ですから、世の中の本当の姿を禅定している。体は赤です。真っ赤というのは、「世の中の人を救いつくそう」という情熱の燃えたぎる色です。さきの阿閦が怒りの仏さまだとすると、これは愛の仏さまです。極端にいえば、「衆生救済」の情熱を赤で表わすわけです。

不空成就如来《ふくうじょうじゅ》

つぎは不空成就如来ですが、左手は膝の上、触地印《そくちいん》とか与願印と同じです。右手は胸のところで指を上に手のひらを私たちに向けて見せています。施無畏《せむい》の印です。これは、「もう怖がらなくてよい、もう大丈夫」というジェスチャーです。「私がついているかぎり、もう心配はない」というジェスチャーで、体は緑色をしています。緑というのは、交通信号でも「進め」です。「これからは私がついていてあげます。心配はいりません」と行動力を表わす仏さま、これが不空成就如来です。これらが金剛界の四仏です。

手がかりのない大日如来

この四人の仏さまは、大日如来の性格を四つに分けて、それぞれの性格を表わしています。大日如来の性格は完全無欠で、永遠であり不変です。なぜかというと、真理そのものを仏さまと考えたのですから、完全無欠であるわけです。しかしあまり完全無欠であると、ふつうの人には近寄りがたい。それが理由かどうか知りませんが、日本のお寺で大日如来をまつってあるお寺は少ないのです。

真言宗の教理では、大日如来が中心の仏さまであるにもかかわらず、真言宗のお寺でそれをまつってあるお寺は少ない。むしろ観世音菩薩、文殊菩薩、不動明王など、何か手がかりのつかめる仏さまのほうが人気があります。

ということで、大日如来は完全無欠でなかなかとらえにくいために、大日如来の性格を四つに分けて四仏としました。たとえば、腹がたってしかたがないときは、怒りの仏さまの阿閦《あしゅく》如来のところへ、商売繁盛は宝生如来系統の仏さまのところへとなります。阿弥陀如来は慈悲の仏さまです。また、困って助けてほしいときには不空成就如来。こういうふうに四仏に分かれてくると、少しは手がかりができてくる。手がかりが出てくるということは、部分的な、ということです。あまりに完全無欠であると全体的でつかみにくいものが、部分的になると何かの手がかりができる。こうして大日如来は四仏に分かれ、また、その四仏がそれぞれ四菩薩に分かれます。

マンダラというのは、それらが系統的にずらっと出てくるのです。何もなしに、勝手に、先着順に並べたのではありません。みんなそれぞれの理由があって、それまでのインドの人びとに信じられていた神さまの性格に応じて、東や北や南へと分けてある。非常に論理的になっています。

五仏と座

つぎに「座」があります。日本のマンダラでは、これの区別がほとんど消えています。日本のマンダラはほとんど、蓮花の上に仏さまが乗っています。ところがお経の中には、きっちり座を書き分けているものがあります。何かというと、大日如来は獅子、ライオンに乗っています。阿閦如来は象、宝生如来は馬、阿弥陀如来は孔雀《くじゃく》、不空成就如来は金《こん》翅《じ》鳥《ちょう》に乗っています。金翅鳥とは、ガルダ（garuḍa）という神話上の鳥です。このように座が動物や鳥になっていて、みんな違う。

これら五仏と乗りものになっている動物や鳥とは、古代インド人にとってはそれぞれ深い関係があったにちがいありません。

五仏と三昧耶形《さんまやぎょう》

そのつぎに「三昧耶形」ですが、これは何か具体的な形をとって真理を表わすものです。大日如来は何で表わすかというと、塔とか輪宝、これをもっているのが大日如来。阿閦如来はふつうの五鈷《ごこ》の金剛杵《こんごうしょ》（五鈷杵《ごこしょ》）。五鈷でなくても、三鈷でも独鈷でもいい。宝生如来は宝珠、阿弥陀如来は蓮の花をもっている。そして、不空成就如来は羯磨杵《かつましょ》。これは三鈷杵を十文字に結んだような法具です。つまり、もちものによって見分けることができます。これらの「位《くらい》・印《いん》・座《ざ》・三昧耶形《さんまやぎょう》」などが、チベットのマンダラなどではきっちり描き分けてありますが、日本にくるとうすれているようです。

五智と五仏

そこで理趣経を読む場合には、この五人の仏さまをよく覚えておいていただきたい。また、マンダラが基本になりますので、これも頭に入れておいていただきたい。さきほど述べましたが、これを五智如来《ごちにょらい》といいます。

金剛界の五仏は五智を表わすというわけです。五智というのは何かというと、「薄伽梵《ばくがぼん》」から「大毘盧遮那如来《だいびるしゃなにょらい》」までが、五智を表わす言葉です。そして五智を表わすということは五仏を表わすということです。「大円鏡智《だいえんきょうち》」が阿閦如来の知恵、宝生如来の知恵は

「平等性智」、阿弥陀如来の知恵は「妙観察智」、不空成就如来の知恵は「成所作智《じようそさち》」といいます。それから「清浄法界性智《しようじようほうかいしようち》」、あるいは「法界体性智《ほうかいたいしようち》」とも呼びますが、これは大日如来の知恵。これで五仏の知恵を表わしています。

五つの知恵はどんなものかというと、「秘蔵記《ひぞうき》」という書物がありますが、その中にたとえが出てきます。この秘蔵記という書物は、弘法大師のお師匠さんの恵果和尚《けいかかしよう》がお説きになったものを弘法大師が筆記なさった、あるいはお大師さんがお説きになったものをお弟子さんが筆記したものだとか、いろいろ説があって著者は決まっていません。いままでは弘法大師の時代より少しおそい時代にできたものだと、考えられているようです。この中に「五智」をうまくたとえてあります。五智がどのようにまとめてあるかというと、水でたとえてある。

水の性《しよう》（性質）が澄んでおだやかで、一切の色や姿がその上に表われるのを「大円鏡智」にたとえる。あらゆるものの影が水に映っても高下《こうげ》なく水面が等しい高さであるのを「平等性智」にたとえ、その水の中に一切の色とか姿の区別がはっきり表われるのを「妙観察智」にたとえ、その水が至るところに遍満《へんまん》することを「法界体性智」にたとえ、あらゆる生きものが水によって育まれ成長することを「成所作智」にたとえる。水によって五つの知恵を比喩的に表わそうとしているわけです。

「大円鏡智」とは、水があらゆるものを映しとるように一切のものを映しとることです。

そして一切のものが映っても、水は高下がない、平等に映していく、これが「平等性智」。今日の言葉でいえば、いろいろなものの中に共通した性格を見つけ出していく知恵です。しかし、平等であると同時に水というものは違った色や形を映し出しています。これが「妙観察智」です。ものの違いを見つけ出す知恵ということです。「平等性智」は、「あの人もこの人も人間だ」というように、ものの共通性を見つけ出す知恵。ところが「妙観察智」はものの違いを見つけ出す知恵です。「この人は男である、女である、若い、年をとっている」という区別を見つけ出していく知恵。そして、そういうものを一切のところに遍満するのが「法界体性智」である。水というものは、今のような性格だけでなしに、植木などに注いでやるとものを成育させる行動力がある。活動を起こすもとになる。これが「成所作智」である。これは行動に関する知恵です。秘蔵記では五智をこういうふうに説明しています。だから「薄伽梵である大日如来は、この五つの知恵をみな備えた如来ですよ」ということを、こんなに長く書いているわけです。

「殊勝《しゅしょう》の一切如来《いっさいにょらい》の金剛加持《こんごうかじ》の三摩耶智《さんまやち》を成就《じょうじゅ》し」。これで大円鏡智の意味を象徴的に表わしています。ですから、阿閦如来は「殊勝な一切如来の金剛加持の三摩耶智を成就した」仏さまということです。ダイヤモンドのように堅固な金剛によって加持された三摩耶の知恵、三摩耶というのは悟りを表わしますが、また、不空三蔵の注釈書「般若理趣釈」を見ますとマンダラの知恵というふうにも書いてあります。

つぎに「已《すで》に一切如来《いっさいにょらい》の灌頂宝冠《かんじょうほうかん》を得《え》て三界《さんがい》の主《しゅ》と為《な》り」と。これが平等性智、宝生如来の知恵を表わしています。灌頂というのは、もともとインドで王さまが位を世継ぎに譲るときに、四海（世界中）の水を集めて、一つの瓶《びょう》に入れて世継ぎの頭に振りかける、これによって四海の王の位を譲ることを表わします。即位の儀式のとき、「灌頂」、頂《いただ》きに灌《そそ》ぐ儀式をインドでは行っていました。その儀式を仏教が真似をして、「仏教の法灯をおまえに譲る、おまえは受け継いだのだぞ」というときに灌頂を行います。目かくししてお堂の中へ連れていかれて、頭に水をちょっ、ちょっと垂らしてもらうわけです。

灌頂といえば「結縁灌頂《けちえんかんじょう》」、在家の人と縁を結ぶ、在家の人が受ける灌頂と、「伝法灌頂《でんぽうかんじょう》」、僧から僧へと法を伝える灌頂があります。弘法大師が中国へいってお師匠さんの恵果から密教の法を受けたときには「伝法灌頂」といいます。灌頂をご自身でお受けになりたいかたは、毎年五月の三日から五日の三日間に高野山の金堂で結縁灌頂を開いていますから、どうぞお参り下さい。

要するに「一切如来の灌頂、宝の冠を得て、三界——一切の世界の主人となる」ということは、宝生如来の徳を表わしています。

つぎに「已《すで》に一切如来《いっさいにょらい》の一切智智《いっさいちち》の瑜伽自在《ゆがじざい》を証《しょう》し」とあります。一切如来の知恵の総集である瑜伽というのはヨーガのことで、そういうヨーガをして自在になったという意味で、これが「妙観察智」、阿弥陀如来の徳を表わしています。

つぎに「能《よ》く一切如来《いっさいにょらい》の一切印平等《いっさいいんびょうどう》の種種《しゅじゅ》の事業《じごう》を作《な》し」とあって、これは「成所作智」です。不空成就如来とは何かというと、空《むな》しからず成就するという実行力を表わす仏さまです。ですから種々の事業（働き）を、一切如来の働きの面の知恵をもっています。

またさらに「無尽無余《むじんむよ》の一切《いっさい》の衆生界《しゅじょうかい》に於《お》いて、一切意願《いっさいいがん》の作業《さぎょう》を皆悉《みなことごと》く円満せしめ」とは、つきることのない一切の世界の生きとし生けるものの意願——願いをみな満足させてやるという意味です。これまでが成所作智にあたります。以上で四仏、四智を示し、最後にこれらを総まとめにした大日如来が現われます。

つぎに「常恒《じょうこう》に三世《さんぜ》一切《いっさい》の時《とき》に身語意業《しんごいごう》の金剛《こんごう》の大毘盧遮那如来《だいびるしゃなにょらい》が」とあります。「常恒に三世一切の時に」、いつでも大日如来の働きは昼夜なく、「身語意業の金剛」、身——体、語——言葉、意——心、つまり体と言葉と心の業——働きがいつも金剛のように堅固である、大毘盧遮那如来がお説きになったことを表わします。以上が教主成就です。

どこで説いたか

在《イマス》㆓於欲界ノ他化自在天王宮ノ中㆒ニ
一切如來ノ常ニ所ノ㆓遊處シ吉祥稱歎㆒シ玉フ大摩尼殿ナリ、
種種ニ間錯シ

鈴鐸繒幡微風ニ搖撃セラレ珠鬘瓔珞半滿月等
而モ爲リ二莊嚴一ト

つぎに五成就のうちの第四番目の住処成就《じゅうしょじょうじゅ》に入ります。これはどこでお経を説いたかということです。理趣経を見ますと「薄伽梵」から「大毘盧遮那如来」までが大日如来の性格を説き、そのつぎが「欲界《よくかい》の他化自在天王宮《たけじざいてんおうきゅう》の中《なか》に在《いま》す」となっています。これは、欲界の他化自在天の王宮という場所で説いたということです。どんなところかというと、ここに仏教のいろいろな世界観が出てくるわけです。

仏教では衆生の住む世界を「欲界《よくかい》・色界《しきかい》・無色界《むしきかい》」の三つに分けます。欲界というのは何かというと、淫《いん》欲と貪《とん》欲だけが支配する世界、欲だけの世界です。色界というのは、淫と貪二つの欲を離れた世界です。色《しき》というのは、仏教では物質という意味です。ですから色界とは、欲を離れているけれど物質だけはきれいに整っている世界です。無色界というのは、欲界と色界の上にあって、欲を離れた上にものに対するこだわりも離れている、純粋に禅定だけの世界です。

欲の世界

欲界をもう少しくわしく分けていくと、六趣《ろくしゅ》（六道）に分かれます。みなさんご承知の

「地獄《じごく》・餓鬼《がき》・畜生《ちくしょう》・修羅《しゅら》・人《にん》（間）・天《てん》（上）」です。一番下が地獄です。つぎにいつも腹をすかしている餓鬼。それから動物の畜生。けんかばかりしている人間の修羅。ふつうの人間世界。そして、その上に天の世界があるわけですが、天だといってもこれは欲界の中の天の世界なのです。チベットのお寺にいきますと、お寺に入るところに六趣の輪廻《りんね》の絵が描いてあります。六つに分かれたそれぞれの絵がリアルに描いてあって、「悪いことをしたら地獄に落ちるぞ」と具体的に表わしてあります。日本のお寺ではあまり見ませんが、チベットのお寺ではよくお堂の正面に、目にものをみせるような絵があります。こういうふうにして順に上に登っていくということです。

　そして、欲界の一番上に天上世界があるわけですが、これがまた細かく分かれます。「四大王衆天《しだいのうしゆうてん》・三十三天《さんじゆうさんてん》またの名を忉利天《とうりてん》・夜魔天《やまてん》・都史多天《としたてん》またの名を兜率天《とそつてん》・楽変《らくへん》化天《げてん》またの名を化楽天《けらくてん》・他化自在天《たけじざいてん》」の六つになります。四大王衆天には悪いやつをやっつける四天王が住んでいます。三十三天（忉利天）には帝釈天《たいしやくてん》が住んでいる。夜魔天には焔魔天《えんまてん》が住んでいる。そして、都史多天（兜率天）には、弥勒《みろく》菩薩が住んでいます。楽変化天（化楽天）は、楽多く楽しい天であります。他化自在天というのは、欲界を六つに分けた一番上の天界の、そのまた一番上の世界です。他化「他を化楽するのに自在である天」という意味です。理趣経というのは他化自在天、つまり欲界の最も上にある天上世界、ここでこの説教がなされたということになります。

六道輪廻図　ティクセ寺壁画（ラダック地方）

物質の整った世界

つぎは色界の話です。これは欲を離れた禅定の世界ですから、四禅天となります。「初禅天・第二禅天・第三禅天・第四禅天」と四つに分かれ、禅定の境地の進んでいくところを表わしています。そして、色界の第四禅天をいいかえると色究竟天《しきくきようてん》、色界の究竟、色界の最上天になります。これをまた阿迦尼吒天《あかにだてん》ともいいます。これはサンスクリット語のアカニシュタ（Akaniṣṭha）の音を写したもので、色究竟天とは意味をとって訳したものです。

禅定だけの世界

そのつぎに無色界です。無色界というのは、物質的なものを超越して禅定そのものになりきった世界で、四つに分かれています。この四天の一番上を「非想非非想処天《ひそうひひそうしょてん》」と呼びます。「想いも非《あら》ず、想わ非《ざ》るものも何も非ず」という、禅定が進んで、言葉では表わせない、否定したものをもう一度否定した、そういった天であります。これが無色界の一番上の非想非非想処天で、もう少しやさしくいうと、「有頂天《うちようてん》」と呼びます。「あいつ有頂天になっている」というのは、こういういろいろな世界の一番上にいるという意味なのです。

なぜ魔王の住む世界で説いたか

理趣経の中の最初の部分、すなわち「薄伽梵《ばくがぼん》」以下の序分は、同じく不空訳の三巻の真《しん》実摂経《じつしょうぎょう》つまり初会《しょえ》の金剛頂経と呼ばれている経典とはほとんど同文なのです。ただ説かれている場所だけが違う。つまり理趣経は他化自在天《たけじざいてん》であるのに対し、真実摂経では、阿《あ》迦尼吒天《かにだてん》で説かれ、また聴衆の数に若干の相違がある程度のものです。

阿迦尼吒天は諸仏の一般的な住所ですが、理趣経のほうの他化自在天は珍しい。これは一般に魔王の住所であって、釈尊が悟りを得られようとしたとき妨害に現われた魔もここに住んでおります。

それでは理趣経というのは、なぜこのような魔の住む欲界の一番上の他化自在天で説かれたのでしょうか。一説では、欲界には六つの天、色界には四禅天がありますが、これを合計しますと十天になります。この十天が十波羅蜜に該当します。十天を「施《せ》・戒《かい》・忍《にん》・進《しん》・定《じょう》・慧《え》・方便《ほうべん》・願《がん》・力《りき》・智《ち》」という十の波羅蜜に該当させます。すると他化自在天は第六番目の現前地《げんぜんち》に相当し、それは六番目の智慧波羅蜜にあたります。理趣経というのは般若の智慧を説くお経ですから、これを説くのに一番ふさわしい、六番目の智慧波羅蜜に該当する他化自在天で説くことになった。昔の人はこういう説明をしたのですが、ちょっと苦しい説明です。

理趣経の内容というのは欲の世界にいて欲を離れることですから、欲の世界の一番上の他化自在天にあって説いたというのが、理屈にあうようです。内容からいいますと、我われの欲望はいろいろあるけれど、この欲望をいかに生かすかについて書いてあります。そういう意味では欲の世界について書いてあるので、理趣経を説く場所としては、欲界の最上階の他化自在天がふさわしいのではないかということです。

どれほどすばらしく荘厳されているか

つぎにその他化自在天の王宮の中の「一切如来《いっさいにょらい》の常《つね》に遊処《ゆしょ》し、吉祥《きっしょう》にして称歎《しょうたん》したもう所《ところ》の大摩尼殿《だいまにでん》」と場所をさらに説明しています。一切如来がいつもおいでになって、吉祥であり、みなのほめたたえるような大摩尼殿、摩尼というのは宝を表わしますから、そういう宝の宮殿のことです。さらに「種種《しゅじゅ》に間錯《かんさく》し、鈴鐸繒幡《れいたくそうばん》が微風《びふう》に揺撃《ようげき》せられ、珠《しゅ》鬘瓔珞半満月等《まんようらくはんまんげつとう》、而《しか》も荘厳《しょうごん》と為《な》り」と他化自在天の様子をくわしく説明しています。

さまざまな飾りがちりばめられている立派な大摩尼殿なのですが、それをもう少し説明すると、鈴とか鐸とか、繒幡つまり細長く美しく装飾した布などがそよ風にゆらいでいるという結構な情景です。

その上、宝珠の環、網状に組まれた宝石、半月や満月のような鏡、こういったもので飾られているすばらしい世界だということです。

誰に説いたか

與《ト》二八十倶胝《ノ》菩薩衆一倶《ナリキ》。
所レ謂
金剛手　菩薩摩訶薩、
觀自在　菩薩摩訶薩、
虚空藏　菩薩摩訶薩、
金剛拳　菩薩摩訶薩、
文殊師利　菩薩摩訶薩、
纔發心轉法輪　菩薩摩訶薩、
虚空庫　菩薩摩訶薩、
摧一切魔　菩薩摩訶薩《ナリ》、
與《タメニ》二如《ク》レ是《ク》等《ノ》大菩薩衆《ノ》一恭敬《シ》圍繞《セラレテ》而《モ》爲《ニ》説《キ玉フ》レ法《ヲ》。
初中後善《ニシテ》文義巧妙《ナリ》、純一圓滿《ニシテ》清淨潔白《ナリ》。

最後に衆成就《しゅうじょうじゅ》です。理趣経は誰に対して説かれたかということです。これは、理趣経を見ていただきますと、「八十倶《はちじゅうく》胝《てい》の菩薩衆《ぼさつしゅう》と倶《とも》なりき」と書いてあります。倶胝というのは、コーティ（koṭi）というサンスクリット語を漢音に写したもので、無限の大きな数ということです。非常にたくさんの菩薩衆とともに説いたということになります。「八十倶胝の菩薩衆と倶なりき」、それを八十倍した八十倶胝の菩薩に取り囲まれて大日如来が理趣経をお説きになりました。

大きなことをいいましても漠然としていますので、具体的に八人の菩薩の名前をあげています。「金剛手《こんごうしゅ》菩薩・観自在《かんじざい》菩薩・虚空蔵《こくうぞう》菩薩・金剛拳《こんごうけん》菩薩・文殊師利《もんじゅしり》菩薩・纔発心転《さいはっしんてん》法輪《ぼうりん》菩薩・虚空庫《こくうこ》菩薩・摧一切魔《ざいいっさいま》菩薩」の八菩薩です。その下に摩訶薩《まかさつ》とついていて、菩薩摩訶薩となっています。摩訶薩というのは菩薩に大がつく、大菩薩です。菩薩に大をつけただけで菩薩と同じだと考えて下さって結構です。

ところがこの八人の菩薩の中には、よく知られている菩薩とあまり知られていない菩薩があります。というのは、この八人は理趣経に出てくる八人の菩薩であります。ところが七世紀ぐらいの、理趣経ができるまでの八大菩薩というのはこれと違っています。どういう菩薩かというと「金剛手《こんごうしゅ》・文殊《もんじゅ》・虚空蔵《こくうぞう》・弥勒《みろく》・観自在《かんじざい》・普賢《ふげん》・地蔵《じぞう》・除蓋障《じょがいしょう》」で、これがふつう大乗仏教でいう八大菩薩です。理趣経になると、前にあげたように変わって、弥勒・普賢・地蔵・除蓋障菩薩が消えてしまいます。マンダラの中でも胎蔵マンダラは、こういう有名な菩薩が残っていますけれど、金剛界のマンダラになりますと、こういう大乗仏教になじみのある菩薩の名前が消えて、ほかの名前に変わってくるわけです。

そこで理趣経の構成の非常におもしろいところは、聴衆が単なる聴衆ではないということです。衆成就ということでは、聞き手の代表が八人出てきている形になり、この八人の代表者が理趣経の各段の代表的な聞き手になってくるわけです。大日如来が八つの段に分けて説法をする。そして八人の菩薩が代表として各段の聞き手になります。ところが聞き手である菩薩が最後になって、大日如来の説いたことを改めてもう一度、自分で復唱します。復唱することによって、自分の受け取ったことをもう一度、みんなに向かって説くという形を取るわけです。しかし、説いている人が、たとえば金剛手菩薩という形を取っているけれど、実際のところは大日如来でありましたという構成が、理趣経の各段に出てくるわけです。

この八人の菩薩は聴衆の代表で、いろいろな人間のタイプがここに出ています。八人のうちのどれかに自分があてはまるのですから「私はどの菩薩にあたるのかな」と、興味をもってお読み下さい。「私はそんなにいい人ではないですよ」とお考えになるかもしれません。そう思ったら密教ではだめなのです。密教をやる人は「自分のいいところはここだ」と自分のもち味をちゃんと自覚しているほうがいいのです。「そんな偉い人は私と関係がない」と思うとだめなのです。これらのタイプの中のどれかに自分が入るのだとお考え下さい。理趣経をお読みになるときには注意して、たとえば「私は金剛手菩薩に似ているな」

と思ったら、金剛手菩薩として理趣経を読もうという気持ちを起こしていただきたい。そうすると味わいが違ってくるのです。

金剛手菩薩

まず、金剛手菩薩ですが、金剛はダイヤモンドのように非常に硬い、あるいは武器である金剛杵《しょ》を表わし、金剛によって菩提心《ぼだいしん》が固いことを示します。「金剛不壊《こんごうふえ》」といういいかたをします。そういう菩提心を起こして最終的には仏さまになる。「悟りを開こう」という菩提心を起こして目的をもつ。金剛手菩薩は後に普賢菩薩と一緒になりますが、これはなぜかというと、「華厳経」の中に五十三人の善知識（よい友達）を求めて修行してまわる善財童子《ぜんざいどうじ》の話があります。善財童子は菩提心を起こして、偉い人でなくてふつうの人でもいい、五十三人にいろいろなことを聞いてまわります。商売人もいるし、身分の高い人、低い人、卑しい人、いろいろな人が入っています。善財童子は、身分の上下なくすべての人にいろいろな法を聞いてまわり、最後は自分が仏になる。これが普賢菩薩の理想像ということになっています。善財童子が訪ねまわった五十三人は、東海道五十三次ができるもとにもなってきます。みな仏教に関係があるのです。つまり、金剛手菩薩は、普賢菩薩と同じように菩提心のシンボルであります。

金剛手菩薩を現代人にあてはめると、非常に意志が堅固で、目的を決めたら一生懸命、わき目もふらずに突進する意志力の強い人というふうに解釈してよいと思います。そういう人の代表が、金剛手菩薩としてここで聞いているわけです。それは金剛部の菩薩です。

観自在菩薩

二番目の観自在菩薩は観音さまのことで、観世音菩薩《かんぜおん》ともいいます。観音さまは慈悲の象徴で、非常に慈《いつく》しみ深く、「南無大悲観世音菩薩《なむだいひかんぜおんぼさつ》」と呼びかけます。困っている人がいると捨てておけない。自分がどうなっても人を救いつくすという人。人が苦しんでいたら自分もともに苦しもう、泣いてあげよう、何とか手を貸さないと気がすまない。こういう人が観音さまです。蓮花部《れんげぶ》の菩薩です。

虚空蔵菩薩

三番目の虚空蔵菩薩といいますと、虚空・全世界の大空を蔵のようにしてもっている、大空、無限の宇宙を自分の蔵にしている。一言でいえば、非常に懐《ふところ》が深くて包容力に富み、何でもかんでも抱き取ってしまう大きな気性をもった人です。真実世界の一切の功徳を身につけているということです。

数年前、私は在家の人たちと読書会をもっていたことがありましたが、あるとき、一人の人がこんな話をしました。その人は、庭の境界のことで隣の人としじゅう争いを起こしていました。少しばかりの土地のことで、年がら年中いがみ合っていたのです。ずいぶん不愉快なことだったと思います。

ところがあるとき、ハタと思いついた。それから気がずっと楽になって、カッカ頭に血がのぼらなくなったというのです。それはどうしてかというと、「この世界はみんなおれのものなのだ。でも、全部を一人で管理するのは大変だから、ちょっと隣にしばらく庭の一部を貸してやろう」と考えたからだそうです。

同じことでもこういうふうにちょっと発想を変えると、気持ちは大きくなるものです。このときこの人は、虚空蔵菩薩のような生きかたを身につけたといってよいでしょう。虚空蔵菩薩は宝部《ほうぶ》の菩薩です。

蓮華虚空蔵菩薩像　神護寺蔵（京都）

金剛拳菩薩

四番目の金剛拳菩薩は、智拳《ちけん》の印をもつ人ということです。この世界の人は自分一人で生きているように思い、思う通りにならないと不満をたらたらこぼします。しかし金剛拳菩薩は自分の目的をはっきりつかんでいて、ぐらぐらしない。それはなぜかというと、自分は一人だけで生きているのではない。いつも仏さまと一緒に生きているのだという信念をもち続けている。だから自分勝手なことはできない。いつも自分の内なる仏さまに相談しながら、その教えにたがわないよう心がけながら生きている人のことです。金剛拳菩薩は羯磨部《かつまぶ》の菩薩です。

文殊師利菩薩

五番目の文殊師利菩薩は金剛部です。これはサンスクリット語のマンジュシュリー(mañjuśrī) を音写したもので、文字に意味はありません。文殊といえば知恵の仏で、剣をもって我われの悩みを断ち切ってくれます。仏さまの世界では、解脱《げだつ》・悟りに向かうことが中心になります。今日的にいうと、決断力が旺盛で知恵にすぐれた人です。知恵というと知識と一緒になってしまいますが、一たす一は二といった積み上げられる知識ではありません。これは人生経験を豊富に備えた知恵ということです。

纔発心転法輪菩薩

六番目の纔発心転法輪《さいはっしんてんぽうりん》菩薩は何かというと、纔というのはわずかにという意味で「わずかにただ発心《ほっしん》しただけで法輪を転ずる、法を説く」菩薩です。転法輪とは、輪《りん》をぐるぐるまわすことで、真理を世の中の人にぐるっとわかりやすく説教する、説法するということです。つまり、発心したらとたんに説法ができる、ということです。非常にのみこみの早い、指導力のある人のことです。この菩薩は蓮花部の菩薩です。

虚空庫菩薩

七番目の虚空庫菩薩は非常に幅広い供養ができます。いろいろな人の特徴を見つけて拝んで、その人のために身を捨てて供養する。損得を考えずに献身的に奉仕活動ができる人のことです。この菩薩は宝部です。

摧一切魔菩薩

最後の摧一切魔《ざいいっさいま》菩薩は羯磨部です。摧というのは摧破《ざいは》する、やっつけてしまう、砕いてしまうことです。一切の魔を摧破する菩薩。襲いかかる悪や災害を一手に引き受けてやっつけてしまい、みんなを安泰にさせる働きです。みんなの幸福・安寧《あんねい》を邪魔するものをや

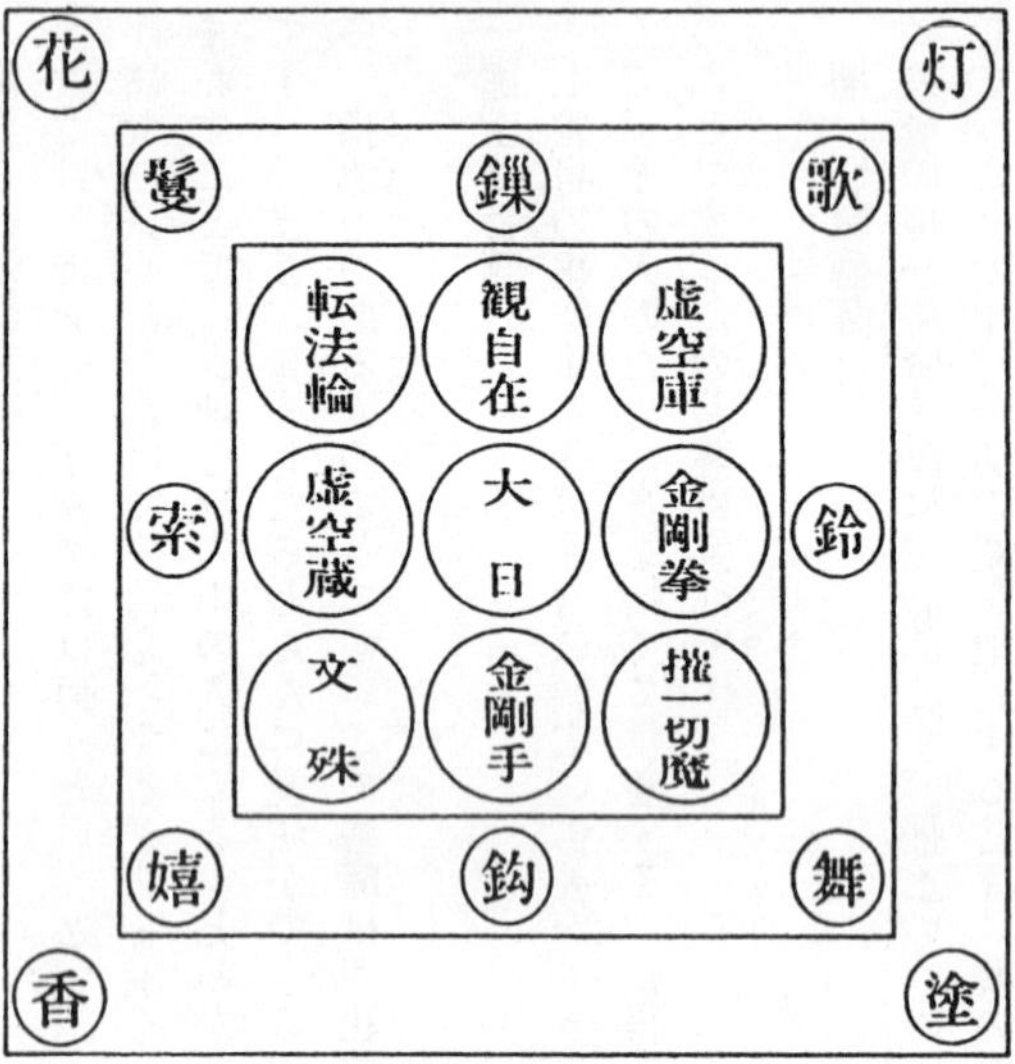

理趣経の説会のマンダラ

つつけてしまう働きのできる人です。

以上の八人が聴衆の代表者です。「是《か》くの如《ごと》くの等《とう》の大菩薩衆《だいぼさつしゅう》の与《ため》に」法をお説きになったということです。

摩訶薩も大菩薩も同じことです。サンスクリット語のマハーサットヴァ（mahāsattva）を摩訶薩埵《まかさった》と音写して略したものです。ですからマハー（mahā）——大きな、サットヴァ（sattva）——菩薩ということです。こういう人たちに囲まれて、大日如来が教えを説いたということです。

文章と意味がすばらしい

どういう教えを説いたかというと、「初中《しょちゅう》後善《こうぜん》にして文義《ぶんぎ》巧妙《こうみょう》なり、純《じゅん》一円満《いつえんまん》にして清《しょう》浄《じょう》潔白《けつぱく》なり」と。初めも善《よ》く、中も善く、おわりも善し。「文が巧みで義が妙《たえ》なる」、文章が巧みで意味がよくわかる。「純一円満」、非常に純粋に大日如来の悟りの内容をいい表わしており、功徳を円満して身につけており、煩悩のけがれがなく清浄で、宇宙の真理をまじりけなく表現していて潔白である。これが理趣経であるということです。ここまでが理趣経の序文で「こういう人が、こんな菩薩を集めて、こういう内容を、こんな場所で、これこれこれの時に説いた」という内容を表わす序論です。

説会のマンダラ

つぎにマンダラですが、理趣経の説会《せつえ》のマンダラというのがあります。まん中に大日如来がいらっしゃって、そのまわりを今申し上げた八大菩薩がとりまいています。八大菩薩のまわり、第二番目の囲いの中は、下に鈎《こう》、左に索《さく》、上に鏁《さ》、右に鈴《れい》と書いてあります。この鈎・索・鏁・鈴というのは、金剛界マンダラの門番の名前をもってきているわけです。それから、第二番目の囲いの中の四すみには、左の下から、嬉《き》・鬘《まん》・歌《か》・舞《ぶ》と書いてあります。これを内《ない》の四《し》供《く》養《よう》菩薩といいます。最後に一番外の囲いが、左下から、香《こう》・花《け》・

灯《とう》・塗《ず》、これが外《げ》の四供養菩薩です。これで、理趣経のマンダラができあがっているわけです。理趣経説会のマンダラは、まん中に大日如来がいて、そのまわりに聞き手の八人の菩薩がいらっしゃる。ところがこの八人は、金剛界の四仏のように、実は大日如来の性格を八つに分けたものです。けれども基本的には金剛界マンダラの形式を踏んでいます。理趣経が金剛頂経の系統であるということがこれでもよくわかります。

第五章　理趣経の全体像

十七の清浄句

説キ玉フ二一切法ノ清浄句門ヲ一

所レ謂妙適清浄ノ句是レ菩薩ノ位ナリ、

慾箭　清浄ノ句是レ菩薩ノ位ナリ、

觸　清浄ノ句是レ菩薩ノ位ナリ、

愛縛　清浄ノ句是レ菩薩ノ位ナリ、

一切自在主　清浄ノ句是レ菩薩ノ位ナリ、

見　清浄ノ句是レ菩薩ノ位ナリ、

適悦　清浄ノ句是レ菩薩ノ位ナリ、

愛　清浄ノ句是レ菩薩ノ位ナリ、

慢　清浄ノ句是レ菩薩ノ位ナリ、

莊嚴清淨ノ句是レ菩薩ノ位ナリ、
意滋澤清淨ノ句是レ菩薩ノ位ナリ、
光明清淨ノ句是レ菩薩ノ位ナリ、
身樂清淨ノ句是レ菩薩ノ位ナリ、
色清淨ノ句是レ菩薩ノ位ナリ、
聲清淨ノ句是レ菩薩ノ位ナリ、
香清淨ノ句是レ菩薩ノ位ナリ、
味清淨ノ句是レ菩薩ノ位ナリ。
何ヲ以テノ故ニ、
一切ノ法ハ自性清淨ナルガ故ニ般若波羅蜜多モ清淨ナリ。

つぎにいよいよ本文に入ります。「一切法の清浄句の門を説きたもう」とあって、これだけの言葉の中に理趣経の内容が凝縮してつまっているといってよいでしょう。理趣経とは何かというと「一切法の清浄の句の（法）門」であるということです。それをくわしく説明するために所謂《いわゆる》というふうに続きます。「一切法」とありますが、仏教の法という言葉にはいろいろな意味があります。仏法といえば仏の教えで、法とは教えを意味し、法律という場合にはきまり、定めを意味します。また真理を意味する場合もあります。

仏教の中には三法印《さんぽういん》、三つの中心になる教えがあります。「諸行無常《しょぎょうむじょう》、諸法無我《しょほうむが》、涅槃寂静《ねはんじゃくじょう》」がそれにあたります。

このうち「諸行無常」は一切のものが移り変わっていくことで、移り変わっていくのは「諸法無我」だからということです。私たちが実体があると思っている現象世界は、たとえば茶碗という実体があると思っていても、割れてしまえば土にかえる。実体はないのです。同じように、私たちは我という固定的な肉体があると思っているけれど本当のところ実体はありません。こういうときの「諸法」の法は、真理という意味ではなく、現象世界そのものを示します。現実世界に存在するものが諸法であって、それらは実体がないのですから、「一切のものは皆空」なのです。

このあたりが東洋思想のおもしろいところで、このように真理と現実世界の存在物を同じ言葉で表わしています。真理とは聖なるものであり、一方、現実世界のものは俗であるが、これらを同じ言葉で表わす。それは逆にいえば、聖と俗は本来一体であることを表わしているのです。私たちが現実世界だと思っているものは本来真理の世界なのである。このあたりが仏教の基本的な考えかたです。仏教では、聖と俗をきっちり分けてしまうのではなく、一つのものをこちら側から見ると真理になるし、あちらから見ると迷いになるという考えかたです。分けてしまう、分別《ふんべつ》はいけないということです。

一切法つまり現象世界に存在するすべてのものが「本質として清浄である」と説くのが

理趣経であります。その具体例として「十七清浄の句」というのがあげられています。ただし、十七にまとまっているのは不空訳の理趣経の話で、「大般若経」の理趣分では六十九の清浄句があり、菩提流志《ぼだいるし》訳の「実相《じっそう》般若経」では十五、金剛智《こんごうち》訳では十三、法賢《ほっけん》訳では十六、とそれぞれ違っています。この中で、不空訳の「十七清浄」というのは、構成がうまくまとまっている。四の四倍の十六に総論を一つたして十七で、最もよくまとまっています。

男女合体のよろこびは清浄である

まず「いわゆる妙適清浄《みょうてきしょうじょう》の句《く》、是《こ》れ菩薩《ぼさつ》の位《くらい》なり」とあって、これが総論です。妙適とはサンスクリット語のスラタ（surata 蘇囉多）で、より大きな楽しみという意味です。スラタはまた、男女合体のよろこびのこともいいます。

男女合体の清浄さという全体にわたる主題がまず提示され、そのつぎにその具体的な状況が十六に分けて説明されています。このようなところから、理趣経はセックスについて説く大胆な経典として、奇異の眼で見られることも多いようです。しかしこのことも、さきに述べましたように、人間が本来もっている生命力を積極的に活用しようと密教が意図するかぎり、生命力の端的な表現であり、一般になじみ深い性の問題を取り上げても、それほど驚くにはあたらないと思われます。

しかしこの場合の性の表現はあくまでも比喩なのです。「理趣釈」にも、スラタを説明して、「男女合体といっても、金剛薩埵の悟りそのものをいうのであって、無縁の大悲をもって、無尽の衆生界のあらゆる場所に現われて、それらの衆生に安楽と利益を与えようと願って休むひまもなく活動する。このように自分と他人をわけへだてなく無二とみる同体観を、男女合体の名をもって表わしただけである」と述べています。

無縁の大悲とは、仏教でよくいいますが、「他人を慈《いつく》しみ助けようとする大慈悲にはけ引きがあってはいけない、お返しを求めてはいけない」という意味です。慈悲とは、自分と少しも関係のない、無縁の人に、自分を捨ててまで慈悲をおよぼすことです。そして「無尽の衆生」——生きとし生けるものすべてに、わけへだてなく手をさしのべ、その人たちに「安楽利益」を得させようと願って自分は休むことがない。というのは、「自他平等」で自分と他人の区別がなく、いつも自分だけが利益を得ようとする心はない。だから無縁のものにも大悲が与えられる。これがスラタの本当の意味です。

「妙適清浄の句、是れ菩薩の位なり」とは、このように自と他の対立がなくまったく一味《いちみ》平等になっている、自他無二平等ということです。人びとを救う大悲のため、人びとのために涙を流し活動するのは、自分と他人が一体であるからです。「あいつのため」とか、「こうすれば自分が得をする」ということではなく、無縁の大悲を無尽の衆生界におよぼし自分は休むことがない、これが理想です。このことを表わすために、スラタという言葉を使っているのです。

こういうところが非常に思いきったところで、ふつうのお経ではなかなかここまでいいきれない。ということは、この部分でセックス礼賛とみることもできるかもしれませんが、このことをもって「自分も他人も大自然も一体化していて本来一つなのだ」という考えかたが清浄であるとみるほうが理趣経の本当の意味なのです。

「清浄」というのは、みそぎをして体に垢《あか》がついていない、沐浴《もくよく》したという物理的な意味ではありません。仏教でいう清浄とは、意識的に自と他を区別しないことです。自分と他人との間に枠をこしらえず、自分と他人と大自然が一体であるという前提に立つことを清浄という言葉で表わしているわけです。ですから、「一切法の清浄句の門」とは、現象世界に存在するものすべてが自と他の対立を離れ、自他無二平等ということがわかっていることが清浄であるという意味です。これが、本来理趣経のいいたいところなのです。本来は自他無二平等であって、「おれが、おれが」と我を張りあって主張しあっている世の中の考えと、まったく逆のことをいいたいのです。

欲も清浄である

十七清浄の代表句・総論として妙適の句があり、つぎの十六の句・各論に続きますが、この解釈は二通りあります。

たとえば、インドの注釈書の中にはすべてをセックスの意味にとる理解もあり、それに従えばつぎのようになります。「欲箭《よくせん》、清浄《しょうじょう》の句《く》是れ菩薩《ぼさつ》の位《くらい》なり」。欲箭とは欲望の矢で、矢は速くとびますから、男女の欲望の起こるのは矢のように速い。そういう男女の欲望が速く起こるということも清浄であって、これは菩薩の位であると解釈します。

つぎの「触《そく》」とは触れること、男女の間で触れることも清浄であって、これも菩薩の位である。

「愛縛《あいばく》」とは、お互いに結びつきあい、縛にあったように離れがたくなる、これも清浄である。

「一切自在主清浄《いっさいじざいしゅしょうじょう》」は、男女が一体となって世の中すべてを征服したような気になることで、これも清浄であって菩薩の位である。このように男女関係の中の言葉を使いながら解釈できます。

しかし一方では男女間のこととしない解釈もあります。自分と他人、自分と自然が二元的に対立していると思っているが、本来は一つである、矢のように一つになろうという気持ちが清浄である。自と他が触れあい一体に結びつきあう、そして自分自身が主になって自他平等の世界をあらゆるところで実現していこうというのが、菩薩の位である。こういう二重の意味をもっています。

この四句はマンダラの上では、欲、触、愛、慢の四親近《ししんごん》の菩薩の悟りの境地の表現とみられます。

見ることも清浄である

つぎの「見清浄《けんしょうじょう》」は見るということで、さきの「欲箭《よくせん》」と対応いたします。欲望の矢が起こったら見たいと思う。「適悦《てきえつ》」は「触」に対応し、触れることによって起こるよろこびです。そして「愛縛」、お互いに離れがたく思うところから「愛」が生まれてくる。「一切自在主」――一切のものを自在にしたところから、「慢」――すべてのものを自由にしたという満足を得る。

これらは意生《いしょう》金剛《こんごう》、適悦《てきえつ》金剛、貪《とん》金剛、金剛慢《まん》の内《ない》の四供養の菩薩の悟りの境地とされます。

飾りたてることも清浄である

つぎは四つの情景で「荘厳《しょうごん》」は飾りたてること。欲望の矢によって見る、見ることで飾りたてる。「意滋沢《いしたく》」、滋沢というのは潤沢で豊かであること。触れることでよろこびを感じて心が豊かになる。「光明《こうみよう》」というのは、愛によって光がさしてくる状態、これも清浄で菩薩の位である。そして慢によって一切自在になったことで、体に恐れがなくなって「身楽《しんらく》」――体が楽になる。この四つを春夏秋冬に該当させ、大自然の四つの変化を表わす言葉とみる解釈もあります。春の金剛・夏の金剛・秋の金剛・冬の金剛の外の四供養の菩薩の悟りの境地です。このように四季に対応させるものもありますが、四つを一区切りにして、それぞれが対応していく心の動きと体の動きを表わします。

五感の対象となるものも清浄である

そのつぎはこの欲望の対象となるもので「色《しき》・声《しょう》・香《こう》・味《み》」とあります。「色」とは、色《いろ》ではなくて形の世界ですから、見る。それから「声・匂い・味」で、ある意味ではセックスの問題と関連づけて考えることもできないわけではありませんが、そういうものも含めて、感官の対象となるものもすべて清浄だという、自他を越えた無二平等の言葉ととることが本当の意味です。

つまり十七の清浄句は、現象世界のいろいろな状況を、総論の「妙適」と各論の十六に分けています。そして、現実世界に存在するものは一切清浄であることを表わそうとしたのが理趣経であります。ですから、あくまで主題は現実世界なのです。死んでからいく浄土ではなくて、私たちの生きている現実をどうみるかという問題です。私たちは自分を残して苦しんで、それにまつわられていろいろな苦しみをもっているが、自他の平等というところに早く達せよと。迷いも悟りも一つである、自分も他人も一つである。自分と他人との間に垣根を作っているから苦しみが起こってくるのであるということです。「おれが、おれが」と小さなところに閉じこもっているから、苦しみが起こってくるということです。

そのたとえに男女の関係をもってくるからややこしくなるのですが、逆にいえば、現実世界に生きとし生けるものを対象にするかぎり、セックスの問題だって生きていることの一つの証《あかし》だという立場を、堂々とここに出してきているということにもなります。徹底してそこまでやったのは、理趣経の本領だろうと思います。

これを仏教にあるまじきことを説いているとみるか、そこまでして平等を説こうとしているとみるか。このようなことがあるから、理趣経というのは「相手を見て説け」といわれていたのです。

悟りの世界も清浄である

つぎに「何《なに》を以《もっ》ての故《ゆえ》に、一切《いっさい》の法《ほう》は自《じ》性清浄《しょうしょうじょう》なるが故《ゆえ》に、般若波羅蜜多《はんにゃはらみった》も清浄《しょうじょう》なり」とあります。現実世界に存在するありとあらゆるもの（一切《いっさい》の法《ほう》）は、本性（自性）の上からは、自他の対立を離れて（清浄）いる。現実世界のものは、もともと本性として、自も他も対立はないものである。もともとないのに、私たちがあるように考えているだけであると。「般若波羅蜜」——向こう岸、つまり悟りの知恵も清浄である。これはもちろんそうであって、現象世界が清浄であるからこそ、まして悟りの世界も自他の対立を離れているのだということを、改めてことわっています。

現実世界が自他をたえず離れているのだから、悟りの世界も自他を離れているのはあたり前だと、こういう見かたをします。強調したいことは、現実世界そのものは本来清浄であるということです。

功徳について記した密教経典

金剛手《ヨ》若《シ》有《ラバ》レ聞《クコト》二此《ノ》清淨出生《ノ》句《ノ》般若理趣《ヲ》一
乃《シ》至《マデ》二菩提道場《ニ》一、
一切蓋障、及《ビ》煩惱障、法障、業障、
設《ヒ》廣《ク》積習《スルモ》必《ズ》不レ墮《セ》二於地獄等《ノ》趣《ニ》一
設《ヒ》作《ルトモ》二重罪《ヲ》一消滅《センコト》不レ難《カラ》。
若《シ》能《ク》受持《シテ》日日《ニ》讀誦《シ》作意思惟《セバ》
即《チ》於《テ》二現生《ニ》一
證《シテ》二一切法平等《ノ》金剛《ノ》三摩地《ヲ》一
於《テ》二一切《ノ》法《ニ》一皆得二自在《ヲ》一
受《ケ》二於無量《ノ》適悦歡喜《ヲ》一
以《テ》二十六大菩薩生《ヲ》一

獲二‐得《スベシ》如來《ト》（及《ビ》）執金剛《トノ》位一《ヲ》。

「十七の清浄句」に続いて、清浄句の功徳《くどく》の書かれている段に移ります。密教経典の中でこのように功徳を説いている経典は、理趣経のほかには非常に少ないのです。密教経典は修法《しゆほう》する、拝むための作法が書いてある経典が主で、拝むための経典はプロの行者向けなのです。こういう行者の人たちに功徳を説く必要はありません。功徳が欲しければ拝めばよいのですから。

ところがそういうプロではなく、自分自身でいろいろなことができない人たち、つまり在家の人たちは、自分自身で行法や修法ができませんから、お経を読んだり、書いたり、聞いたりすることによって功徳にあずかれたらと思います。このように読んだり聞いたりしたときの功徳が書いてある経典というのは、プロのものではないのです。このように経典読誦《どくじゆ》の功徳について触れた経典が、密教経典の中では理趣経のほかにはあまり見あたらないというのはなぜかというと、理趣経のもとが般若経という大乗経典であるためです。理趣経は、般若心経などでみなさんご存じの、「空《くう》」を説いている般若経の系統をひいています。般若経はもともと大乗経典で、昔から、お経を読んだり書いたりすることに功徳があると信じられてきました。千何百年来こういう功徳が信じられてきた般若経の系統であるため、理趣経の中には、読んだり書いたりする功徳があるわけです。ですから真言宗のお坊さんは理趣経を読むわけです。読めば功徳があると書いてありますから。他の修法する経典は読むだけでなく、実践しなければ功徳を得られないとされています。

「金剛手《こんごうしゅ》よ、もしこの清浄出生《しょうじょうしゅっしょう》の句《く》の般若理趣《はんにゃりしゅ》を聞《き》くことあらば、いまし菩提道場《ぼだいどうじょう》に至《いた》るまで一切蓋障《いっさいがいしょう》、および煩悩障《ぼんのうしょう》、法障《ほっしょう》、業障《ごっしょう》、たとえ広《ひろ》く積習《しゃくじゅう》するも必《かなら》ず地獄《じごく》等《とう》の趣《しゅ》に堕《だ》せず。たとえ重罪《じゅうざい》を作《つく》るとも消滅《しょうめつ》せんこと難《かた》からず。もし能《よ》く受持《じゅじ》して日日《ひび》に読《どく》誦《じゅ》し作意思惟《さくいしい》せば即《すなわ》ち現生《げんしょう》に於《お》いて、一切法平等《いっさいほうびょうどう》の金剛《こんごう》の三摩地《さんまじ》を証《しょう》して、一切《いっさい》の法《ほう》に於《お》いて皆《みな》自在《じざい》を得《え》、無量《むりょう》の適悦歓喜《てきえつかんき》を受《う》け、十六大菩薩生《じゅうろくだいぼさつしょう》を以《もっ》て、如来《にょらい》と執金剛《しゅうこんごう》との位《くらい》を獲得《ぎゃくとく》すべし」とあります。これが理趣経の功徳を表わします。理趣経の第一段（十七清浄の句）を読んだり聞いたり書いたりしたら、どういう功徳があるかということが説かれています。これは大変なことが書いてあるわけですが、それは理趣経のおもしろさの一つになっています。

清浄出生の句を聞くことあらば

まず「金剛手よ」と呼びかけますが、金剛手は、密教経典では呼びかけられる聴衆の代表者です。たとえば般若経では「舎利子《しゃりし》」などと呼びかけますが、密教の経典ではだいたい金剛手が呼びかけの相手（対告衆《たいごうしゅ》）となっています。

金剛手とは金剛杵《しょ》を手にもつものです。「もしこの清浄出生の句の般若理趣を聞くこと

金剛座と菩提樹（ブッダガヤ）

あらば」――このような清浄を現実化する句である般若波羅蜜の悟りの境地の理趣であるその教えを聞けばという意味です。清浄というのは浄らかなという意味ではなく、自他、あるいは自分と宇宙との区別をつけない、一体化している、むずかしくいえばマクロ＝コスモスとミクロ＝コスモスが一つであることを表わします。これはヨーロッパ近代の考えかたとはまっこうから対立します。ヨーロッパ近代社会では、我というものを確立することが大事であるとされました。ところが仏教では、我を確立すると同時にそれが全体の中の一つであること、大宇宙の中に自分が入っていく、大宇宙を自分の中に入れていく、この二つが一つであることを自覚することが悟りであると考えます。

「出生」は仏さまが何かを生み出すのではなくて、もともと現実世界に存在しながらかくされていたものを出現させることです。

このような清浄を出現させる悟りへの道を開くことがあったならば「いまし菩提道場に至るまで」と続きます。菩提道場とは釈尊がお悟りになった場所で、このような場所に至る、つまり悟りに至るまでということで、「般若理趣経を聞いて悟りに至ったときには」となります。インドのブッダガヤに大きな菩提樹があって、釈尊が悟った場所だということを示すために金剛座がすえてあり、いろいろな人がお参りする聖地になっています。

金剛座（ブッダガヤ）

四種の障り

つぎに「一切蓋障、および煩悩障、法障、業障」という四つの障《さわ》りが出てきますが、仏教では、よく煩悩障と所智障《しょちしょう》という言葉を使います。煩悩障とは何かというと、生きていることに伴ういろいろな障害、貪《とん》・瞋《じん》・痴《ち》の三毒です。生きているかぎりいつもつきまとう三つの毒、三毒煩悩です。貪というのは貪《むさぼ》りを表わし、いくらでもつぎからつぎへと欲しがる、腹がへっていたら何でもおいしいけれど、だんだん慣れてくると、白いごはんが食べたい、おいしいおかずが食べたいと限りがない。生きることに大変だったのに、お金がもうかり出すとますますもうけたくなる、と無限に欲望が広がっていく、そういう障りです。

瞋《じん》は怒りで、つまらぬことにかっとする、こういうものも障りなのです。

痴はばかということです。痴のサンスクリット語はモーハ（moha）です。現在、日本語として使っているばかという言葉も、もとはこのサンスクリット語が語源だといわれています。これは世俗的なことについて愚かというのではなく、仏道修行における愚かということです。以上が人間が生きていることに伴う毒、煩悩です。生きているかぎりこれらはいつもつきまとってくる。だから三毒煩悩をなくそうということになります。教育のあるものもないものも、この世に生まれたからには欲望が出てきます。これが煩悩障です。

所智障は、生存にかかわる障害ではなく、文化的活動に伴う障害です。理趣経の中で蓋障と呼んでいるのが、それにあたります。自分の心身をいろいろとかきみだして、悟りに至ろうとするのに邪魔になるものです。ですから蓋障というのは、こういった悟りに至るためにいろいろな障害となるもの、真理を覆って修行の妨げになることです。

法障というのは、小賢《こざか》しい知恵で判断を誤る障りです。分別によって起こるいろいろな障り、正しい法を聞けない妨げ、あるいは聞くことができてもそれを素直に信じようとしない妨げです。

業障とは、自分のいろいろな行為によって出てきた妨げ、かならずしも過去世ではなく、現世に自分が行った行為によって受ける妨げです。

ふつう仏教ではこのような妨げは否定して、これらを取り除かなければ悟りに至らないとします。「こういうものをもっているかぎり悟りが開けない、これをみな捨ててしまえ」といいます。

罪障を積んでも地獄に落ちない

「たとえ広く積習《しゃくじゅう》するも」——今のような障害をたとえ広く積み重ねても「必ず地獄等の趣《しゅ》に堕《だ》せず」——趣というのは道であり、場所のことです。すなわち地獄には落ちないというのです。これは今までの仏教がいっていたこととまったく反対なのです。今までは「こういう障りは積み重ねず取り除け」とされていた。ところが理趣経では、こういうものをいくら積み重ねても地獄へいかないから心配するなといいます。「たとえ重罪を作るとも消滅せんこと難からず」——罪を犯しても理趣経をひとたび聞いたらみな消えてしまう。ここまで読んでくると、よい功徳ばかり並べて勝手なことをいっているな、いいことを書いてもちょっといきすぎじゃないかと思われるでしょう。

ところが、ここがおもしろいところで、「たとえ」という言葉がついています。「たとえ」というのは仮定法で「もし……しても地獄に落ちない」ということです。これは中国語に訳すときに仮定法になったもので、サンスクリット語の原語を忠実に訳したチベット語をみると仮定法にはなっていません。「あなたが」となっていて、つまり「たくさんの人の中であなたが罪を犯しても地獄には落ちません」といっている。功徳を書くにしてもこれぐらい徹底して書いているとみごとです。

倫理を超える密教

経典の中の読誦《どくじゅ》、受持が何を説いているかというと、自分自身のためではなくて全体の中に自分を一体化していくこと、自然の中、他人の中に自分をとけこませて自他の区別をなくすことが密教の理想であり、理趣経の説こうとするところです。この真理が最高であって、これさえつかめば今いったような障害はものの数ではないということです。それよりもっと大きなものがある。世の中の倫理、道徳の次元を超えたもっとすばらしい境涯がここにありますということです。

我われは倫理、道徳が最上と思っていますけれど、理趣経というのはもっと高い段階なのです。自分を全体の中に融合させて、まったく自分をなくしてしまって全体の中で自分を生かし、全体を自分の中に生かす境地が最高のものである。そういうものに比べれば、煩悩障や所智障にこだわるのは小さなことだ、そんなものにこだわるよりも、もっと大きく目を開きなさいということです。

このあたりが宗教と倫理、道徳の次元との違いです。目ざすところは同じなのですが、その説きかたが倫理、道徳よりも一段上から説こうとしているわけです。親鸞上人も「善人なおもて往生をとぐ、いわんや悪人をや」といっています。人間社会の倫理、道徳も大事で、それを否定するわけではないけれど、もっと高い次元を目ざしなさいということです。それは理屈の世界ではない。そういう境地に比べれば重罪を犯しても地獄に落ちることはないということで、だから重罪を犯してもいいというわけではないのです。

一切の有情を害しても悪趣に落ちない

この功徳については第三段にもっと大変なことが書かれています。「金剛手《こんごうしゅ》よ、もしこの理趣《りしゅ》を聞《き》きて受持《じゅじ》し読誦《どくじゅ》することあらば、たとえ三界《さんがい》の一切《いっさい》の有《う》情《じょう》を害《がい》すも悪趣《あくしゅ》に堕《だ》せず」とあります。三界のありとあらゆる生きとし生けるもの、すべてを殺しても地獄には落ちないと、まっこうから人間社会の倫理よりももっと大きな立場をさし示しています。こんなことをまじめに書いた経典はあまりありません。これは功徳がエスカレートしていって、理趣経になるとこんなに大きな功徳になったというわけではないのです。そういうことではなく、密教の目ざしているものと世俗的なルールのどちらをとるかという問題提起でもあります。

世間の人は理趣経というとセックスのことに結びつけますが、セックスのことが書いてあるのは一段の清浄句のところだけなのです。それよりもっと大事なのは、日常性を超えてしまえということです。といって日常性を否定しているわけではないので、そこを誤解しないようにして下さい。善悪の善を否定して、悪だけを取り上げようとしていると理解されると、分別になってしまいます。あれが善《よ》いかこっちが悪いかということになりますから、密教ではそういう分別を否定します。そういう倫理を捨てろということなのですから。自分と大日如来が一つになるということは、そういう小さな倫理、へ理屈を捨てろということなのです。こういうふうに思いきった書きかたをしているので、漢訳するときにはそのまま訳せなかったのでしょう。「たとえ」と仮定法に訳し変えてしまっています。原文はもっと問題を鋭くつきつけています。

現世において悟る

「もし能《よ》く受持《じゆじ》して日日《ひび》に読誦《どくじゆ》し作意思惟《さくいしい》せば」とあります。もしこの理趣経を手にもち近くに置いて、声に出して読み、体で、口で、心でこれを受けとめるならば、「即ち現生《げんしよう》に於て、一切法平等の金剛の三摩地《さんまじ》を証して」と続きます。平等とは仏と自分が一体であることです。千円札を両替機に入れて百円硬貨十枚にくずしても値打は変わらないという意味の平等ではありません。自分と宇宙の真理、自分と絶対者が一つだということが平等です。

弘法大師は三平等といいました。自分と他人と仏との三つが平等であるということです。自分と他人は平等で一つである。それが宇宙・仏さまと一つであるということです。ふつう平等というのは絶対者・真理と自分・世俗的なものとが一つだということです。一切法が自分も真理も一つであって、金剛・ダイヤモンドのようにこわれない三摩地・悟りの境地を現生に証するとあります。

これが大乗仏教のいきついたところで、つぎの世代で身につける、死んでから極楽浄土へいくというのではなく、現世で悟りを得られる、「生まれ変わらなくても、今生きているうちにこの世で悟れる、そのためには自分自身の目のうろこをとってしまえ」ということです。「おれが、おれが」という自分へのこだわりをなくして、生きとし生けるものが全部一つだという、仏と自分が一つであるから自分自身も仏であるという自覚をもたなければいけないということです。

自在を得る

つぎに「一切の法に於て皆自在を得」とあります。みな自由自在になるということです。自由自在とはもともと仏教の言葉で、現在使われているような自分の思い通りという意味ではありません。仏教でいう自由は自在ということですから、自分を残していたら自由にも自在にもなれません。自分を大きな世界に同化し、飛びこんでしまい、自分の我を残さず自由自在になる。そういう仏教の言葉が日本語に移ってきて、自我を確立することが自由だとなっていますが、言葉の使いかたがここでも違ってきています。自我を確立し他人に干渉されないのが自由ではなく、全体の中に自分を取りこみ他人と自分が一つになることが自由であり自在なのです。

そして「無量の適悦歓喜《てきえつかんき》を受け」——適悦（心のよろこび）と歓喜を受けて、「十六大菩薩生《しょう》を以て、如来と執《しゅう》金剛《こんごう》との位を獲得すべし」と続きます。

十六大菩薩の悟りを身につける

理趣経とはもともと玄奘《げんじょう》の訳した大般若経の理趣分から出て、不空《ふくう》訳の般若理趣経になってきました。理趣分が大きくなって理趣経になったというより、内容が濃くなって密教経典になってきたということです。大般若経の理趣分と理趣経を比べてみますと、こういう功徳の書きかたはだんだん省略されてきて不空訳になるとこの程度になってしまいます。十七段の各段にそれぞれ功徳が書かれていたのが、理趣経になりますと、初段・二・三・四・六段ぐらいにしか功徳が書いていない、省略されています。玄奘訳には「十六大菩薩生」というのは十六度生まれ変わってそして無上菩提を得られるのだと書いてあります。「十六大菩薩生を経《へ》て如来の執金剛生《しょう》を得て無上菩提を獲得する」という功徳があることを表わします。これはまさに大乗仏教的で、生まれ変わりながら最終的には無上菩提にいきつく、悟りにいきつくと書いてあります。

ところが同じ文章が不空訳では、もっと密教的になって「十六大菩薩生を以て」と経てが以てに変わり、さらに「如来と執金剛との位を獲得すべし」とあって無上菩提が最終目的ではなくなっています。ふつう大乗仏教では悟りを得る、無上菩提を得ることが目的なのですが、「十六回生まれ変わって悟りを得るということではなく、十六大菩薩の悟りを身につけて」という意味だと般若理趣釈にあります。十六大菩薩とは何かというと、金剛界の四仏に四人ずつ菩薩がついて、十六の菩薩です。つまり十六大菩薩の悟りを身につけるとは、金剛界の四仏の悟りを身につけるということです。現世で悟りを身につけるのですから生まれ変わる必要がありません。

つぎに「如来と執金剛との位を獲得すべし」と。如来と執金剛は同格ですから、大日如来である執金剛の境地に達することを表わします。執金剛は金剛薩埵《さった》と同じことで、この場合は大日如来と同じ意味です。玄奘訳では「最終的には十六回生まれ変わって執金剛を経て悟りにいきつくのである」という意味だったものが、「あなたが大日如来になるのです」というふうに変わってきています。

金剛手が心真言を説く

時《ニ》薄伽梵
一切如來《ノ》大乘現證三摩耶《ノ》一切曼荼羅《ノ》持金剛《ノ》勝薩埵《ニシテ》
於《テ》三界中《ニ》調伏《シテ》無《ク》餘、一切《ノ》義《ヲ》成就《シ玉フ》
金剛手菩薩摩訶薩《ハ》
爲《ノ》欲《スルガ》重《テ》顯明《セント》此《ノ》義《ヲ》故《ニ》熈怡微笑《シテ》
左手《ニ》作《シ》金剛慢《ノ》印《ヲ》
右手《ニ》抽擲《シテ》本初《ノ》大金剛《ヲ》作《シ》勇進《ノ》勢《ヲ》
説《キ玉フ》大樂金剛不空三摩耶《ノ》心《ヲ》。

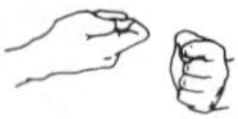

初段の最後に今までの教えを一言でまとめる種子《しゆじ》、一字の真言が説かれるわけです。この一字の真言というのは、その段の教えを菩薩が受けてそれを総まとめにして、今までの如来の教えを如来の分身である菩薩が改めて要点を述べる形になっています。初段では菩薩が金剛手菩薩で、この菩薩は金剛薩埵《さった》と同体であります。金剛薩埵というのは、金剛頂経系の経典では非常に高い地位が得られるようになってきます。もともと金剛手は仏陀の護衛の係であったものが、後に仏陀につき従っていてその説法を重ねて何度も聞くことで、次第に仏陀の説教を聞く聴衆の代表という地位になってきます。そして金剛手は、仏陀の説教に対して聴衆を代表して質問するほどのすぐれた地位が与えられるようになります。

しかし、初期あるいは中期の密教経典などでは大日如来の聞き手の代表者でありますが、金剛頂経の系統になると、金剛薩埵と同一視されるようになってきます。普賢金剛薩埵というようになってきて、今までの聴衆というよりもむしろ教主の地位、大日如来と同体であると考えられるようになってきます。

ですから金剛手菩薩といいましても、理趣経の初段は金剛薩埵の悟りを説いたものになります。金剛薩埵の悟りを金剛手菩薩がもう一度重ねて説くというわけで、金剛手と金剛薩埵が同体であり、金剛薩埵は如来であるということになります。金剛手は如来の金剛薩埵と同体でありますが、菩薩の代表者としてここに表われてきます。こういった関係をもっております。

金剛薩埵像　サールナート出土

つぎの「薄伽梵《ばくがぼん》」から「金剛手菩薩摩訶薩」までは金剛手の形容詞です。金剛手とはどういう菩薩であるかというと、「一《いっ》切如来《さいにょらい》の大乗《だいじょう》の現証《げんしょう》三摩耶《さんまや》の一切曼荼羅《いっさいまんだら》の持金剛《じこんごう》の勝《しょう》薩埵《さった》にして」とあって、一切如来の大乗の悟りを表わす一切のマンダラの中で、金剛をもつものの中でも特にすぐれた薩埵であるということです。薩埵というのは菩提薩埵の省略形で、菩薩ということです。

つぎに「三界《さんがい》の中に於《お》て調伏《ちょうぶく》して余《あまり》無《な》く、一切《いっさい》の義《ぎ》を成就《じょうじゅ》したもう金剛手菩薩摩訶《こんごうしゅぼさつまか》薩《さつ》は」とあります。三界（欲界・色界・無色界）つまり一切の世界の中であらゆるものを残りなく調伏して、一切の義を成就した、つまりあらゆる利益を完成させた金剛手菩薩摩訶薩が、とまず初段の教えを復唱します。つぎに「重《かさ》ねてこの義《ぎ》を顕明《けんみょう》せんと欲するが為の故に、熙怡微笑《きいみしょう》して左手に金剛慢《まん》の印《いん》を作《な》し」。今まで説かれた如来の教えをもう少しはっきりさせようと思って、にっこりほほえんで左手で金剛慢の印をなしてということです。金剛慢の印とは左手を拳《けん》の形にした印で、これを左の腰につけるのですが、インドでは非常に誇り高い、あるいは仕事を完成したとき、そしてその成果が満足すべきものだったとき、この手を腰にあてるポーズをとります。

「右手には本初《ほんじょ》の大金剛を抽擲《ちゅうちゃく》して勇進《ゆうしん》の勢いを作《な》し」と。ずっと以前から永遠の命をもち真理とともにある大きな金剛杵を放り上げて、そういう勇ましい、自信にあふれた姿で、「大楽金剛不空三摩耶《たいらくこんごうふくうさんまや》の心を説きたもう」と。大楽金剛不空三摩耶とは初段の教えで、絶対的な安楽で、ダイヤモンドのようにけっしてこわれることのない悟りの真髄（心真言《しんしんごん》＝一字の真言）をお説きになったということです。

一字の真言とは何かというと、フーン（hūṃ　吽）という字です。これは怒りを表わす種子《しゅじ》で、寺の山門に立っている仁王さまは、片方は口を開け片方は閉じている。「あ（阿）」と「うん（吽）」だといわれています。すもうでも、あうんの呼吸などといわれます。「あ」が始まりで「うん」が最後だということになりますが、この「うん」はサンスクリット語のフーンです。このフーンという文字をお説きになったということです。金剛手菩薩が初段のこの教え「大楽金剛不空三摩耶」の教えを一字にまとめた真言をお説きになったという構成になっています。

一字の真言をつけ加える

ここで初段が終わりますが、最後についている一字の真言、種子《しゅじ》についてお話します。これは理趣経の中でも最初にできたもので、玄奘訳の大般若経理趣分の中にはこの種子はありませんでした。また、菩薩がもう一度一字の真言を説くという形も玄奘訳にはありません。つぎに菩提流志《るし》訳になりますとはじめて種子が出てきますが、菩薩が再説するのではなく如来が説いたという形になっています。

それが不空訳になりますと、説き手が独特の名・仏格《ぶっかく》をもった如来になってきますし、説法の聞き手が説き手の如来の分身の一人という形になってきます。その如来の教えを分身である菩薩がさらにまとめて一字の真言でしめくくるという形をとります。ですから、この一字の真言は各段の終わりを示す記号にもなっていますが、単なる記号ではなく、この中にその段のすべての意味が含まれているということになります。これは密教の思想の上では、非常に大きな展開といっていいと思います。

そもそも種子・真言・呪文というものは、病気を治してほしいとか、長生きしたい、幸せを願うといった現世利益《げんぜりやく》のためにとなえることが主体でした。この呪文をとなえることで世俗的欲望・願望が達成されるというものであったのですが、不空訳の理趣経になりますと、一字の真言が如来の教えを集約したものだという意味づけが与えられるようになってきます。

呪文としての梵字《ぼんじ》から、教義の凝縮形としての梵字へと内面性を与えられ、仏教的な思想がここに集約して表われているという意味に変化してきています。こういう意味で、一字の真言の呪・真言は単なる現世利益を願う呪文の意味から思想的なものの集約体にまで変化をしてできあがりました。こういう意味で不空訳の理趣経は、それまでの玄奘訳などからみると、非常に密教化、あるいは内面化している、仏教思想によって裏づけされているといえます。これで初段が終わりです。

如来の悟りを四方面から明かす

時ニ薄伽梵毘盧遮那如來ハ
復説キ玉フ二一切如來ノ寂靜法性ノ現等覺ヲ出生スル般若理趣ヲ一。
所レ謂　金剛平等ノ現等覺ナリ以テノ二大菩提ハ金剛堅固ナルヲ一故ナリ。
　　　義平等ノ現等覺ナリ以テノ二大菩提ハ一義利ナルヲ一故ナリ。
　　　法平等ノ現等覺ナリ以テノ二大菩提ハ自性清淨ナルヲ一故ナリ。
　　一切業平等ノ現等覺ナリ以テノ二大菩提ハ一切分別無分別性ナルヲ一故ナリ。
金剛手若シ有ラバ下聞テ二此ノ四出生ノ法ヲ一讀誦シ受持スルコト上

設‐使ヒ現ニ‐行ズトモ二無量ノ重罪ヲ一必ズ能ク超二越シテ一切ノ悪趣ヲ一

乃‐至當ニ下坐シテ二菩提道場ニ一

速ニ能ク尅中‐證ス無上正覺ヲ上。

時ニ薄伽梵如クレ是ノ説キ已テ、欲ルガ三重テ顯二‐明セント此ノ義ヲ一故ニ熈怡微笑シテ

持シテ二智拳印ヲ一

説キ玉フ二一切法ノ自性平等ノ心ヲ一。

つぎに二段に入ります。第二段は初段の内容をもう少し具体的に説いたものです。初段が「大楽金剛不空三摩耶」の教えの全体像を説いていたのに対し、第二段は全体像、総論にあたるものをもう少し具体的に示そうという意図をもった章であります。ですから、第二段を説く如来は毘盧《びる》遮那《しゃな》如来《にょらい》、大日如来になります。

初段の説き手もまた大日如来でありました。ところがこれに対して、第二段の大日如来は報身仏《ほうじんぶつ》であると般若理趣釈には注釈されています。報身仏といっても顕教《けんぎょう》（一般仏教）

でいう阿弥陀さまのような報身仏という意味ではなく、行者が修行して悟った大日如来であるという智法身の大日如来といわれます。伝統的な密教教学の中では、これは修生《しゅしょう》始《し》覚《がく》の大日如来といわれています。絶対の理法身の大日如来よりも、もっと具体性をもった大日如来となります。

それが金剛界マンダラでは、中央の大日如来から四如来に分かれてきますが、理趣経の第二段というのは毘盧遮那如来を四つの面から説明しようということが主眼になっています。そういう四つの面から大日如来の悟りの内容を説明し、大日如来と同体になる、自分が大日如来であるという自覚をもつ、悟りを得る道すじを示したものだと考えられております。

そこで第二段は、「時に薄伽《ばくが》梵毘《ぼんび》盧《る》遮那《しゃな》如来《にょらい》は」と。尊いおかた（薄伽梵）である大日如来が「復《ま》た一切如来の寂静《じゃくじょう》法性《ほっしょう》の現等覚《げんとうがく》を出生《しゅっしょう》する般若理趣を説きたもう」と続きます。これは最初に何を説いたかという主題が説明されているわけです。一切如来が寂静（非常に静かな悟りの世界、悟りの真髄）、法性（悟り、真理そのもの）の現等覚（悟り）を出生する（みながもっている悟りが自然に生まれ出てくる）般若の理趣（究極の悟りに至る教え）をお説きになったということです。つまりは絶対の真理に至る道をお説きになったということです。

四仏と四智

「一切如来の寂静法性の現等覚を出生する般若理趣」とは何かというと、つぎの「所謂《いわゆる》」以下にそれを四つの方面から説いています。四つの方面とは「金剛平等《こんごうびょうどう》の悟り・義平等の悟り・法《ほう》平等の悟り・一切業平等《いっさいごう》の悟り」です。この四つは大日如来の四つの知恵（四智《し》）を表わしています。金剛平等は大円鏡智《だいえんきょうち》で阿閦如来《あしゅくにょらい》の知恵、義平等は平等性智《びょうどうしょうち》で宝生《ほうしょう》如来の知恵、法平等は妙観察智《みょうかんざっち》で阿弥陀如来の知恵、一切業平等は成所作智《じょうそさち》で不《ふ》空成就《くうじょうじゅ》如来の知恵をそれぞれ表わします。

理趣経というのはこういう如来の四智、金剛の四仏といったそれぞれの悟りの境地をいろいろな角度から解明していく形を取ります。ですから理趣経を読むときには、金剛界の四仏の誓願・知恵を頭のすみに入れておいていただく必要があると思います。

四種の平等を説く

金剛平等の現等覚は何かというと、大日如来の中の金剛不壊《ふえ》、絶対にこわれない永遠の、ゆがむことのない悟りです。

義平等とは宝生如来の悟りですが、義というのはサンスクリット語のアルタ（artha）という言葉を訳したものです。アルタとは、〝意味〟と〝利益《りやく》〟の両方の意味をもちますので、義平等は利益を説こうという意味です。利益とは何かというと、それぞれの生きとし生けるあらゆる人のもっている、かけがえのない価値・値打を説いています。すべてのものが、みなかけがえのない値打をもっていてお互いに布施をする、施しをするということにもなってきます。

つぎの法平等ですが、法というのは「一切のものがもともと自性清浄である、本性として清浄である、蓮の花が泥の池の中でも非常に美しい白い花を咲かせるというたとえで示されるように、汚れた世の中に生きているものもすべて、それぞれ本性は清浄である」ということを示します。

つぎに一切業平等ですが、業というのは一切の働き・活動を表わします。そして、この四種の平等が説かれ、平等なる悟りということになっていますが、平等とは何かというと同じということです。同じというのは等しいという意味ではなく、同体であることを表わします。仏も人間も絶対の世界も現象世界も本来同体である、これが平等ということです。

金剛平等というのは仏の真理が永遠で不動のものであると同時に、生きとし生けるものがいつも永遠であり、不動であるということです。これと同じように他の三つの平等も、仏も人間ももともと同じであることを表わしています。

このようにそれぞれの四種の平等が説かれ、その四種の平等がなぜ平等なのか、どういうふうに平等なのかを四平等に続く言葉で示します。まず「金剛平等の現等覚なり、大菩提は金剛堅固なるを以《もっ》ての故なり」と。金剛平等の悟りというものは、絶対の悟り（大菩提）というものは、金剛のように堅固であるから、だから金剛平等なのだということです。

つぎに義平等は、絶対の悟りとは、二つとはない絶対の利益つまり義利であるからということで、仏も人間も同じ絶対の利益をもっているからということになります。

法平等は、絶対の悟りは本性清浄であるからということです。最後に一切業平等は、絶対の悟りは一切分別無分別の性《しょう》であるからと。一切の分別というのはもともと無分別であるからということです。私たちが日常生活で分別をしているために、一つのものが他のものと区別がついてわかるという頭の働きが起こります。しかし、どんなものでも本性としては分けられない、対立的に見るものではないということです。こういうふうに、大日如来の悟りを四つの方面から説いています。これが第二段の本論にあたります。

無量の重罪を犯しても悟りを得る

本論が終わりますと、つぎに功徳を賛嘆する形のものが出てきます。「金剛手《こんごうしゅ》よ、若《も》しこの四出生《ししゅっしょう》の法《ほう》を聞《き》いて読誦《どくじゅ》し受持《じゅじ》することあらば」と。金剛手よと呼びかけ、もしこの四出生の法（金剛平等・義平等・法平等・一切業平等）を聞いてこれを読んだり受持したりするならば、たとえ現世において無量の重罪を犯しても、きっと一切の悪趣つまり地獄を超えて、まさに「菩提道場に坐して」（悟りの場所に座って）、「速《すみや》かに能《よ》く無上正覚《むじょうしょうがく》を尅証《こくしょう》すべし」、これ以上がない無上の絶対の悟りを身につけるという功徳が表わされます。どんな重罪を犯しても四出生の法を聞いたり受持したりするだけで、速やかにかならず無上菩提にいくことができると説かれています。

一字の真言にまとめる

そして最後に、菩薩が第二段の意味を重ねて一字の真言にまとめて説いています。まず「時に薄伽《ばくが》梵《ぼん》」とあってどういう如来かは説かれていませんが、後に「智《ち》拳印《けんいん》を持《じ》して」とありますから大日如来を表わすとみてよいでしょう。この薄伽梵・大日如来が以上のように説き終わって、その意味をはっきりさせようとほほえんで、智拳印を持してと続きます。智拳印とは、ふつう金剛界の大日如来が結んでいる印で、両手を握って親指を人さし指の先と合わせ、左手の人さし指を上に突きだす、そして握った右手の掌《たなごころ》の中に人さし指を包みます。ここは本来は智拳印ではなく、如来拳印だといわれています。どう違うかというと、智拳印は左手の人さし指を右手の掌で包むという形ですけれど、如来拳印というのは左手の親指を右手で握る形です。

　こういう印を結んで「一切法《いっさいほう》の自《じ》性平等《しょうびょうどう》の心《しん》」をお説きになったということです。一切法が、本性として自も他もすべて平等、絶対の真理も一切の事物もみな本来一つであるという心真言（一字の真言）をお説きになった。その一字の真言は何かというと「悪《あく》」になります。これをサンスクリット語でいうとアーハ（aḥ）という字になりますが、注釈書ではア、アー、アン、アクの四種類の発音に分け、それらを四つの平等にあてています。

第六章　八如来の教え

金剛界の四仏が説く

時《ニ》調㆓伏《スル》難調㆒《ヲ》釋迦牟尼如來《ハ》
復説㆓《キ玉フ》一切法平等最勝《ヲ》出生《スル》般若理趣㆒《ヲ》。
所㆑謂　慾無戯論性《ノ》故《ニ》　瞋無戯論性《ナリ》。
瞋無戯論性《ノ》故《ニ》　癡無戯論性《ナリ》。
癡無戯論性《ノ》故《ニ》　一切法無戯論性《ナリ》。
一切法無戯論性《ノ》故《ニ》　應《ニ》㆑知《ル》
般若波羅蜜多《モ》無戯論性《ナリ》。
金剛手《ヨ》若《シ》有《ラバ》㆘聞㆓《テ》此《ノ》理趣㆒《ヲ》受持《シ》讀誦㆖《スルコト》
設《ヒ》害㆓《ストモ》三界《ノ》一切《ノ》有情㆒《ヲ》不㆑墮㆓《セ》惡趣㆒《ニ》
爲㆓《モテノ》調伏㆒《ヲ》故《ニ》疾《ク》證㆓《スベシ》無上正等菩提㆒《ヲ》。

時ニ金剛手大菩薩ハ欲三ルガ重テ顕二明セント此ノ義一ヲ故ニ
持二シ降三世ノ印一ヲ以二テ蓮華面一ヲ微咲シ而モ怒タケク嚬レメテ眉ヲ猛ク視、
利牙ヲ出現シ住二シテ降伏ノ立相一ニ
説二キ玉フ此ノ金剛吽迦羅ノ心一ヲ。

理趣経の各段は、説き手がそれぞれ別の仏となっております。初段は金剛薩埵《こんごうさった》であり、第二段は大日如来で、この両段が総論のような役目を果たしていました。第三段からの教主は金剛界の四仏が中心になります。理趣経では四という数が基礎になっていますから、第三・第四・第五・第六段の四段がセットになっています。まず、この四つの段についてお話しします。

金剛界の四仏については、金剛界マンダラを思い出していただきますとよくおわかりいただけると思いますが、この中で第三段は阿閦《あしゅく》如来《にょらい》、第四段が阿弥陀《あみだ》如来、第五段が宝生《ほうしょう》如来、第六段が不空成就《ふくうじょうじゅ》如来という構成になります。ふつう金剛界マンダラは、大日如来を中心として如来の並ぶ位置が東・南・西・北という順序でまわっていきますが、理趣経の構成をみますと東・西・南・北という順序になります。

怒りとは何か

第三段には釈迦如来が出てきます。釈迦如来は仏教の開祖ですが、ここではふつうのお釈迦さまというだけではなく、大日如来になって説くという形になります。聞き手は金剛手菩薩ですが、この金剛手菩薩も本来は釈迦如来であります。お釈迦さまが金剛手菩薩の形となって出てきて聞き手となり、全体をまとめるという形です。

この第三・第四・第五・第六段は、大日如来の悟りを具体的に四つの面に開いたということです。立場をかえてみなさんがこれをどう受けとめるかという方向でみると、第三段は釈迦如来の説でありますが、我われの生きていく上でどうしても怒りをもつことが起こってきます。理趣経は本来は死んだ人に対してとなえるものではなく、生きている人に向けていかに生きていくべきかという問題提起をしているお経であります。ですから、ここでお話することは、日常生活の中で起こる問題について、理趣経からどんな答えが引き出せるかといったことです。

第三段は我われが生きていく上でかならず起こってくる怒り、不都合なことについて理趣経はいかに解決方法を示しているか、という面でみていただくと、理趣経も遠いところの話でなくて身近な問題に考えられます。第三段は、怒りというのはどういうものかを説いていると考えていただいてもいいのです。これが阿閦《あしゅくにょらい》如来の境地です。

魔を降す

阿閦如来は、金剛界のマンダラを見ていただきますと触地印《そくじいん》を結んでいます。これは降《ごう》魔《ま》の印ともいいます。釈尊が悟りを開こうとして菩提樹の下で瞑想しているときに悪魔がやってきて、釈尊が悟られたのでは悪魔の働く分野が少なくなるので、悟りの妨害をしようとします。

このとき釈尊は大地に手を触れて、大地の神に本当のことをいっているという誓いをたてます。インドでは、真実を語ることが悪魔を除く力があると古くから信じられてきました。ですから、釈尊のいっていることはみなウソであると悪魔がせめたて、悟りへの道を邪魔して自分たち悪魔を安泰にしようとするかけ引きがあります。「私のいっていることは本当だ」といっても「それなら証拠を見せろ」といって悟りを妨害します。そこで釈尊は大地に手を触れて大地の神に誓いをたてます。大地の神は絶対ですから悪魔は退散してしまう。釈尊のいっていることが真実であることがはっきりするわけです。

大地の神に誓ったということは、釈尊がこれまでいったことは絶対に間違いなかったことになります。大地に手を触れ誓いをたて真実を語られたとたん、悪魔は退散してしまう、そこで大地に手を触れる触地印は降魔印《ごうまいん》といわれる。これによって悪魔が逃げていくというインドの伝承があるわけです。ですから釈尊が悟りを開かれたときの印が降魔印であり、降魔というのは悪魔を退散させることです。

我われの現実世界に起こってくるいろいろな障害をどういうふうにやっつけるかということですが、魔には代表的な四つの魔があります。すなわち煩悩魔《ぼんのうま》・陰魔《おんま》・死魔《しま》・天魔《てんま》の四つです。そのうち煩悩魔は心身を苦しめる魔で、陰魔は苦しみを起こさせる色・受・想・行・識の五蘊《ごうん》の魔、死魔は死をもたらす魔、天魔は他化自在天《たけじざいてん》に住み、人の善事を妨害するような悪魔ということで、釈尊は降魔印を結んでこういう悪魔をやっつけました。ですから、第三段は釈尊が「一切法平等の最勝を出生する般若理趣」をお説きになったということです。一切法（現実世界）が対立を超えて平等であるという真理を悟って、悪魔（障碍《しょうげ》をなすもの）をやっつけるという教えです。

釈尊と大日

釈尊は仏教の開祖でありますが、密教になってくると釈尊をたてずに大日如来をたてます。大日如来と釈尊とはどういう関係になるのだろうかということが、真言宗の伝統的な学問の中で今までいろいろ論議されてきました。

密教の根本の仏は大日如来であるというと、仏教は釈尊の教えであるから、大日如来をたてる密教は仏教ではないのではないかということになります。一方、大日如来と釈尊が同体であるとすると、なにも大日如来をたてることはない、釈尊でいいではないかということになって、こういう論議がずっとくり返されてきました。

大日如来と釈尊が同じものか、違うものか、千年もかかって論議されてきました。ところが、解答はちゃんと書かれているのです。「金剛頂経《こんごうちょうぎょう》」という金剛界マンダラのもとになるお経があって、このお経の中に釈尊をいう、一切義成就菩薩《いっさいぎじょうじゅぼさつ》が出てきます。この一切義成就菩薩は、おもしろい名前の由来をもっています。みなさんご存じのように釈尊は出家する前は、シッダールタ（Siddhārtha）という名前をもっていました。シッダールタというのは漢訳すると義成就で、目的を成就したという意味になります。ですから、金剛頂経のはじめに一切義成就菩薩と出てきますが、この名前によって釈尊を暗示していることを読み手にわからせようとしているのです。

金剛頂経では釈尊を思わせるような一切義成就菩薩が菩提樹の下で瞑想に入っていたとき、そこへ悪魔ではなく、如来が出てきまして、一心に瞑想していた菩薩を揺り起こします。目を覚まさせて「お前はそんなに瞑想していたのではなかなか悟りに至ることはできないぞ、私のいうことを聞きなさい」といってかつを入れる。そこで瞑想していた一切義成就菩薩は、瞑想をやめて真実に達するために五相成身観《ごそうじょうしんかん》という瞑想法を教えてもらいます。五相成身観という修行を順次やることで、一切義成就菩薩は大日如来になりました。

金剛頂経には一切義成就菩薩がいかにして大日如来になったか、そしてこのようにして大日如来になった状態が金剛界マンダラであるということが説かれています。ですから、釈尊は五相成身観を実践することで大日如来の境地に達したということです。つまり大日如来のお説きになっていることは、釈尊のお説きになっていることと同じなのです。あるいは釈尊より、大日如来の教えはもっと根源的なもので、釈尊は大日如来の悟りの境地を自分で身につけることによって永遠の真理を身につけたのであるということにもなります。

古くから大釈（大日如来と釈尊）が同体か別体かという論議をしてきましたが、この論議じたいがおかしいのです。釈尊が出てきて、それ以前からずっとあった永遠の真理を身につけて悟りを開いた。釈尊以前からあった永遠の真理を仏さまと考えると大日如来になるということですから、もともと大日如来と釈尊は同体でもあるし別体でもあるのです。釈尊は歴史的人物として現われてきたかぎりにおいては別体であるけれど、悟りそのものとしては同体であるということになります。

阿閦如来の悟り

この理趣経の第三段では釈尊そのものが大日如来になって、阿閦《あしゆく》如来の悟りの境地を説いたという構成になっています。大日如来を具体的に説いたのが四仏でありますから、具体的な問題の第一歩として阿閦如来の悟りの境地を説きます。インドでは阿閦如来はもともと「私は絶対どんなことがあっても怒らない」という誓いをたてた仏さまだとされています。

ところが密教の仏さまになってくると、阿閦如来は怒りを取り扱う仏さまになります。ですから、よく「青筋をたてて怒る」といいますが、青黒い色をしています。怒りは青黒い色で表現しますから、チベット系マンダラでは阿閦如来は青黒色です。

色のお話をしますと、たとえば大黒さまは七福神の一人でにこにこ笑っています。ところがインドでは大黒さまはマハーカーラ（mahākāla）といって忿怒《ふんぬ》相《そう》で怒りを象徴する神さまです。黒は怒りを表わしますから、大黒というのは「大きな怒り」という意味です。それが日本に入ってきますと、音が一緒だから、大国主命《おおくにぬしのみこと》と大黒さまが同じになって優しくなってしまう。「因幡の白兎」の中で赤裸の兎を蒲の穂でくるんであげるような優しい神さまになってしまいます。もともとヒンドゥー教では、インド人が怖れおののくような怒りの神であったのです。このように黒とは怒りの色で、阿閦如来も怒りを表わしています。

阿閦如来は降三世《ごうさんぜ》の印を結んでいます。この降三世《ごうさんぜ》明王《みょうおう》の像は日本にはそれほど多くありませんが、だいたい相手をやっつけるときの像で、足の下に大自《だいじ》在天《ざいてん》とその妃である烏魔妃《うまひ》を踏みしいています。大自在天と烏魔妃は、インドでは代表的な悪者で、力の強いみんなが怖れおののくような剛《ごう》のものです。それを足の下に踏みつけているのですからと

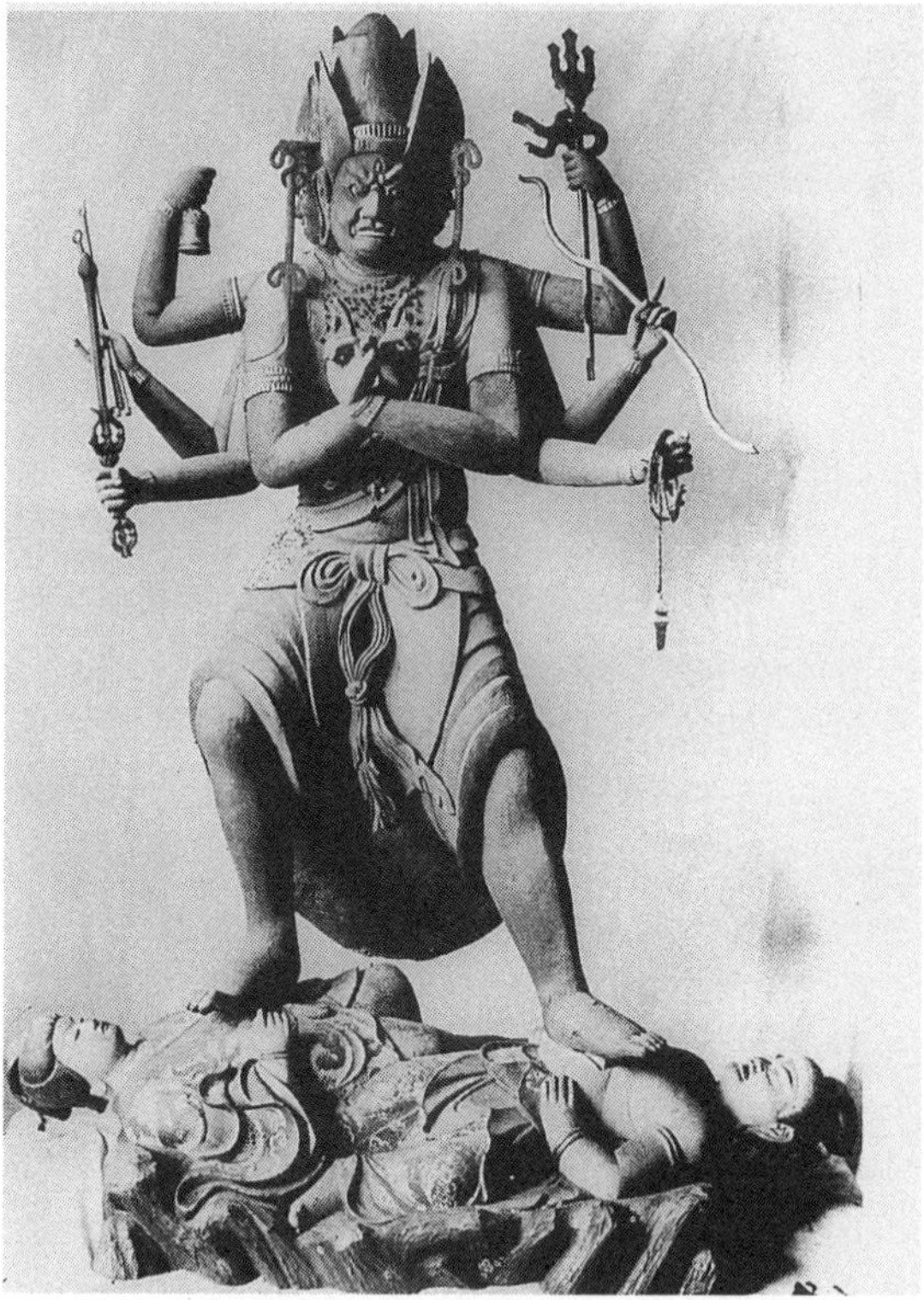

降三世明王立像　金剛峯寺（旧金堂焼失）

てつもなく力の強い仏さまということになります。

そんなに恐ろしい仏さまがなぜここに出てくるかというと、降剛難化《ごうごうなんげ》、教化《きょうけ》すること の非常にむずかしいものをやっつけるという意味です。理趣経では難調《なんちょう》とか難化《なんげ》とかいいますが、これは調伏《ちょうぶく》するのにむずかしい、教化するのにむずかしいという意味で、難調といっても難化といっても同じです。教化するのに非常にむずかしいものを調伏する釈迦牟尼如来だということです。結局、大自在天《だいじざいてん》とか烏魔妃《うまひ》というならずものの代表をやっつける降三世明王という仏さまはいったい何をやるのかというと、まず自分たちに襲いかかるいろいろな災難をやっつけるということです。

自分たちのまわりにいろいろな災難が押し寄せてくるけれど、力は力で押し返さなければならないので力の強い降三世明王に頼んでやっつけてもらわなければなりませんが、それだけではありません。おもしろいのは、外部の敵をやっつけるという原理をそのまま用いて、自分自身の内面的な敵と戦うこともできます。外から押し寄せる敵をやっつける力の強い仏さまの目的は、結局自分の心の中に起きてくる煩悩《ぼんのう》をやっつけることにあります。怒りの対象は本当は自分自身に向けなければならないのです。

戯論をなくす

無戯論《むけろん》というのが出てきますが、これは戯れの論がないということです。「欲無戯論性《よくむけろんしょう》の故《ゆえ》に瞋無戯論性《しんむけろんしょう》なり」とあります。戯論、戯れの論とは何かというと、ものを差別して対立的に見る、分別をもってものを見ることです。分別、分ち別つことは仏教ではよくないことなのです。無戯論とは、自分と他人あるいは自分と自然を対立させ「おれが一番偉いのだ」とする分別の考えかたをなくすことです。ですから自分に対するこだわり、とらわれにがんじがらめになっているような状態から、対立を離れて自由闊達な精神活動ができるということになります。

私たちが自分たちの精神生活の中で障害を起こすのは何かというと、貪《とん》・瞋《じん》・痴《ち》（むさぼり・いかり・おろかさ）の三毒煩悩によるものです。こういうふうに私たちが三毒をもっているのは、私たちが対立的にものを考えるところに問題があるのだから、それをやっつけなければだめなのです。いろいろな災難をやっつけるのも大事だけれど、もっと大事なのは自分の心の中のいろいろな障りを取り除くことで、これがあるといつまでたっても精神的な安定は得られないということを教えようとしています。

貪も瞋も痴ももってはいけない、たえずこれから離れていなければならないのです。これを全部否定して「おこらないようにしよう、愚かさをなくして明かりを求めていきましょう」というのは一般仏教の考えかた、というよりむしろ倫理的なやりかたです。「欲望はほどほどにしましょう、おこると健康に悪いですよ、そんな愚かなことをしていたらいけない」というのは道徳の次元です。

理趣経というのは非常に上級クラスの経典でありますから、初級クラスのことを求めてくるとみなここでひっかかってしまう。今いったような道徳的な次元のことは初級クラスです。理趣経が説こうとしているのはこの無戯論《むけろん》を説こうとしているわけですから、「だめだ、だめだ」と否定していくのではなくて、「もっと大きなものにしていけ」ということなのです。「自分がいいものを食べたい、いいものを着たいというような欲はだめですよ」というのではなく、「欲をもつのだったらもっと大きなものにしていけ、次元を超えろ」ということです。

次元を超えるというのは何かというと無戯論になります。自分と他人との対立を捨てるような底なしの欲に育て上げろといっています。「自分がいいものを食べたい」というような小さな欲ではなく、「世の中に生きとし生けるものの幸せのために」という欲をもちなさいということです。怒りも「おれのいうことを聞かないで、こんちきしょう」というのはだめでやめなさいといいます。しかし、そういうものは人間が生きているかぎり本来もっているのだから、「やめなさい」というより「もっと大きな怒りに育てていきなさい」というほうがいいのです。自分のための怒りではなくて、世の中の人の不幸、不平等に対する怒りをもっと発揮したらどうだろうということです。そこに我が入ってはいけない、無戯論でなければいけません。「自分のためではなく、人のため、社会のために怒りなさい、人類の平和のために怒りなさい」、そういう大きな怒りを肯定します。ですから、理趣経の肯定というのは無戯論でなければいけないのです。

セックスを肯定するのにも、ふつう私たちは自分を残しておいて肯定するからうす汚くなるのです。自分を残さず他人のため、社会のため、人類のためにというような次元のものに育て上げることが大切です。「ばかになって働く」とよくいいますが、自分のことを考えずに働くということです。「ばかになって」というのは、自分の差し引き勘定は放っておいて、自分を無視してという意味でしょう。理趣経が説こうとしているのはそういうところなのです。とことん自分を捨てるということです。これが平等なのです。自分があるかぎり、貪・瞋・痴もみなうす汚くなってくる。ですからこの第三段で説こうとしているのは、私たちの怒りというのはいかにあるべきなのかということなのです。

おこるというのは、だいたい自分の感情に逆らうからおこるわけです。自分があって何かを気に入らないからおこる。ところが本当の怒りというのはそういう自分の感情に逆らうからおこるのではなく、世の中の非常に不正なことに対する大きな怒りの世界、無戯論です。そういう小さな怒りを大きな怒りに育て上げようと説くのが、ここで説かれている降伏《ごうぶく》・調伏《ちょうぶく》の本来の意味です。難調・難化・調伏したり化度《けど》するのがむずかしいというのは何かというと、自分自身であるということを教えてくれます。

大自在天が降三世明王に踏みつけられているのを見て「あいつ、やられているな」と思うのではなく、本当の悪魔は、そこに踏みつけられているのは、自分自身なのです。自分自身にこだわり執着する、そういった心そのものが魔であるから、これをやっつけるのです。やっつけるといっても否定するのではなく、もっと大きなものに育て上げなさいということです。

ですから「欲無戯論性《よくむけろんしょう》の故に瞋《しん》無戯論性なり」と、欲が無戯論であるから瞋も無戯論であると続いて、最後には「痴《ち》無戯論性の故に一切法《いっさいほう》無戯論性なり」、痴が無戯論であるから一切法すなわち世の中にあるものすべても無戯論だということになります。一切のものが無戯論であるから「般若波羅蜜多も無戯論の性なり」、般若の知恵も自と他の対立を超えて無戯論だといっています。

ですからこの般若の理趣を聞いたり、自分の心に受けとめ、あるいは読誦《どくじゅ》したりすれば、三界の一切の生きとし生けるものを全部殺しても地獄には落ちないと書いてあります。「疾《はや》く無《む》上正《じょうしょう》等菩《とうぼ》提《だい》を証すべし」と。このことについてはさきに触れましたのでここでは省略します。

微笑して怒る

そのつぎに釈尊の説法を聞いていた代表であり、また大日如来の姿を変えた金剛手菩薩が、釈尊の説いた意味をはっきりさせようと思って、降三世の印を結んで、蓮花面をもって、つまり優しい顔をしてほほえんで、しかも怒り、眉をしかめて猛《たけ》く視《み》るのです。

微笑しながらしかも怒るというのはどういうことでしょう。ここがおもしろいところですが、こういうのが本当の怒りです。非常におこった顔をしているけれども、微笑をその中に含んでいる、見る人によっては微笑にも見えるし、怒りにも見える、あるいは悲しみにも見える。こういう表現が仏教の経典に出てくるのは味のあるところだと思います。日本の仏像を見ていておもしろいところは、こういう表情のものがあるところです。忿怒相の怒りの仏さまを見ても、見ようによってはほほえんでいる、あるいは泣いていたり、悲しんでいるような表情があります。日本の芸術のすばらしいところは、こういうものが一つの顔の中に表現できるということだと思います。

ところがチベットの仏像などを見ると、そういう表現はありません。仏さまには、おこっている顔、泣いている顔、笑っている顔しかありません。一方、日本の仏像はこの三つの表情を一つの顔におさめてしまっています。能面などもそうで、一つの面で角度によって泣いたり、笑ったり、おこったり、などの表情を自由にできる。ですから、怒りというのは本来そういうものだということです。心の中にどこか悲しみを秘めた怒りでないといけない。おこりつけて相手をぺしゃんこにしてしまうような怒りではいけないのです。心の中にゆとり、余裕をもった怒りは、おこっていることになりません。おこっているというのは百パーセント相手をやっつけようという気持ちになるときでしょうし、怒りというのはやっつけるにしてもどこかゆとりをもっているということでしょう。本当の怒りとい

チベット忿怒尊像　ティンプー（ブータン）

うのはそういうものですよというのを第三段で説こうとしています。

「利牙《りげ》を出現し降伏《ごうぶく》の立相《りっそう》に住《じゅう》して」、牙をむき出し降三世明王のように立っている怒りの姿で「この金剛吽迦羅《こんごううんから》の心を説きたもう」、金剛のフーンをなすという心真言を説いたと続きます。吽迦羅はフーンカラ（hūṃkara）というサンスクリット語を音写したもので、カラは英語の do にあたる言葉です。フーンカラとは、忿怒《ふんぬ》をなすということになりましょう。

汚濁の中の清浄を説く

時ニ薄伽梵得玉ヘル二自性清淨ノ法性ヲ一如來ハ

復説キ玉フ二一切法ノ平等ヲ觀スルコトノ自在ナル智印ヲ出生スル般若理趣ヲ一

所レ謂世間一切ノ慾清淨ナルガ故ニ即チ一切ノ瞋清淨ナリ。

世間一切ノ垢清淨ナルガ故ニ即チ一切ノ罪清淨ナリ。

世間一切ノ法清淨ナルガ故ニ即チ一切ノ有情清淨ナリ。

世間一切ノ智智清淨ナルガ故ニ即チ般若波羅蜜多ハ清淨ナリ。

金剛手ヨ若シ有下ラバ聞テ二此ノ理趣ヲ一受持シ讀誦シ作意思惟スルコト上

設ヒ住スルモ二諸慾ニ一猶シ如下ク蓮華ノ不ルガ中爲ニ二客塵ノ諸垢ノ一所ラレ上レ染セ

疾ク證スベシ二無上正等菩提ヲ一
時ニ薄伽梵観自在大菩薩欲ルガ三重テ顕二明セントノ此義ヲ一故ニ熈怡微笑シテ
作シテ二開敷蓮華ノ勢ヲ一観ジテ二欲ノ不染ヲ一
説キ玉フ二一切群生ノ種種色心ヲ一

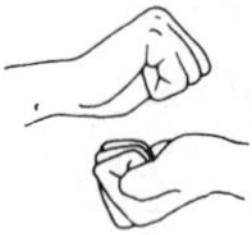

第四段に入ります。第四段は観自在菩薩、すなわち観音さまです。何を説こうとしているかというと「汚れた世の中で清らかさを保つにはいったいどうするか」という問題を観音さまが説いています。世の中は非常に穢《けが》れている、いやなことばかりであるけれども、その中で仏道に精進しよう。そこで自性清浄というのはどういうことなのかという問題を説く専門家は観音さまです。

観音さまは何かというと、「自《じ》性《しょう》清浄《しょうじょう》の法性《ほっしょう》を得たまえる如来」です。本性として自他の対立を超えているという（自性清浄）、真理（法性）を得られた如来です。現象世界に存在する一切のもの（一切法）が自他の対立を超えて平等であるということを自在に観察する知恵のしるし（智印《ちいん》）を表わす般若の教えを説いたのが第四段です。

世の中のことをじっくり観察し、それらが本来清浄であることをみきわめる。世の中が汚れている、歪《ゆが》んでいる、堕落しているのは貪《とん》・瞋《じん》・痴《ち》の三毒があるためです。だいたい「おれが、おれが」という欲、怒り、本来のものを求めようとせずにつまらないことばかりに気をつかう愚かさ、こういったことが世の中を暗くし、堕落させているもとなのです。といって、こういうもののない世の中に自分だけが逃げていくわけにはいかない、それではこういう汚れた世界の中で生きていくにはどうしたらよいかということを、観音さまに聞こうではありませんかというのが第四段です。観

如意輪観音像　醍醐寺蔵

音さまはそういうことを教えてくれる如来ですよということです。
第三段では貪瞋痴を降伏《ごうぶく》し、その清浄な本性を表わす折伏《しゃくぶく》の面に主眼を置いたのに対し、この第四段では貪瞋痴の本質を世俗の汚れの中に清浄とみきわめる観察の面を取り上げたとみられます。

汚れの原因

つぎに汚れの原因が八つあがっています。「世間の一切の欲・一切の瞋《いか》り・一切の垢《あか》・一切の罪・一切の法・一切の有情《うじょう》・一切の智智・般若波羅蜜多」の八つです。まず私たちの貪欲《とんよく》とか怒りとか一切の垢（愚かさ）、つまり貪・瞋・痴です。それから、一切の罪、一切の法、一切の有情つまり生きとし生けるもの、衆生と同じです。一切の知恵、般若波羅蜜の悟り、これらは本来清浄であります。私たちは怒りや欲や愚かさ、罪過といって汚いものだと思っているけれど、本性をたずねていけば本来そういったものは自他の対立を離れた平等なものであるということです。そこにいきついて本当の世の中の姿が見えてきます。

私たちは表面的にものを見ただけで判断して汚いといいますが、それは我にとらわれているときの見方であって、一切のものは本来、自他の対立を超えていると説いてあります。このことは、マンダラの西のほうの阿弥陀さまの悟りを表わしたものです。金剛界マンダラでは阿弥陀さまと観音さまは同体とみなされます。

金剛界マンダラの四仏のまわりをそれぞれ四菩薩が囲んでいる十六大菩薩を見ますと、無量光如来（阿弥陀さま）のまわりを囲む「金剛法《ほう》・金剛利《り》・金剛因《いん》・金剛語《ご》」の四菩薩があります。この四菩薩がそれぞれ悟りの境地を表わします。たとえば「一切の欲が清浄であり、一切の瞋が清浄である」という悟りは金剛法菩薩の悟りです。これは般若理趣釈の中で注釈されています。同様に「一切の垢、一切の罪が清浄である」のが金剛利菩薩、「一切法、一切有情が清浄である」のが金剛因菩薩、「一切の智智、般若波羅蜜が清浄である」のが金剛語菩薩の悟りの境地を表わします。

客である煩悩

第三段と同様に「金剛手よ、もしこの理趣を聞きて受持し読誦《どくじゅ》し作意《さくい》思惟《しい》することあらば」とあって、「たとえ諸欲《しょよく》に住《じゅう》すとも蓮華《れんげ》の客塵《きゃくじん》の諸垢《しょく》のために染《ぜん》せられざるが如《ごと》く」と続きます。客塵とはお客の塵で仏教ではよく客塵煩悩といいます。客塵の下に煩悩をつけていますがなぜかというと、これが仏教のおもしろいところです。私たちは煩悩を取り除かなければいけない悪いもの、百八つの煩悩などと考えますが、煩悩というのは人間が本来もっているものではないといいます。お客なので、塵になってその人についているだけの話である。つまり貪・瞋・痴の三毒は自分が本来もっているものではなくて、世の中に暮らして生活の知恵を身につけていくうちに、お客になってついてきただけだと考えますから、本来の自分のもっているものにもどれば、お客は勝手に帰ってくれますよということです。これが客塵煩悩です。

　このことは蓮の花が泥の池から生え出てもきれいに咲いているのと同じことです。阿弥陀さま、観音さまはみな蓮の花で象徴させます。観音さまは蓮の花をもっていますが、蓮の花が何を表わすかというと、泥の池（浮き世）の中にあってもきれいな花を咲かす、つまり本性は清浄であるという意味です。だから速やかに本性にたちもどって無上の悟りを身につけることができるわけです。

キリクという一字真言を説く

　そこで、自性清浄の法性を得たまえる如来がお説きになっていたのを聞いた、聴衆の中の観自在菩薩がこの意味をもう一度はっきりさせようと思って「開敷蓮華《かいふれんげ》の勢いを作《な》し」、蓮の花がぽんと開くような勢いで、「欲の不染《ふぜん》を観《かん》じて」、欲というのも本来は泥に染まらず清浄であることを観察して「一切群生の種種色の心を説きたもう」、一切の生きとし生けるもののいろいろなありかたを示す心真言をお説きになりました。

　この心真言はフリーヒ（hriḥ　紇唎《きりく》）で、観音さまの種子です。怒りや愚かさに満ちているものがうようよしている世の中で、生きとし生けるもののありかたの真髄を示したキリクという清浄な観音さまの種子です。こういう願いを一字にまとめるとキリクになります。このキリクすなわちフリーヒという字は分解すると、ha, ra, ī, āḥ の四字に分かれますが、これを「欲・垢・法・智」がそれぞれ本来清浄であることを示すと注釈書の中には説明されています。

三界の主となる

時ニ薄伽梵一切ノ三界ノ主ナル如來ハ
復説キ玉フ二一切如來ノ灌頂智藏ノ般若理趣ヲ一。
所レ謂
以テノ二灌頂施ヲ一故ニ能ク得二三界ノ法王ノ位ヲ一。
義利施ノ故ニ得二一切ノ意願ノ満足ヲ一。
以テノ二法施ヲ一故ニ得レ圓二満スルコトヲ一切ノ法ヲ一。
資生施ノ故ニ得二身口意ノ一切ノ安樂ヲ一。
時ニ虚空藏大菩薩欲ルガ三重テ顯二明セント此ノ義ヲ一故ニ凞怡微咲シテ
以テ二金剛寶鬘ヲ一自ラ繋ケ二其ノ首ニ一
説キ玉フ二一切灌頂三摩耶ノ寶ノ心ヲ一。

つぎに第五段です。「一切の三界の主《しゅ》なる如来」が説くわけですが、ここでは三界で主となるのはどういうことかを説いております。誰でも「世界中で一番偉くなりたい、立派になりたい、人からちやほやされたい」という気持ちをもっています。そういうときにいったいどうするのかということを説いたのが第五段です。それは宝生如来《ほうしょうにょらい》の悟った境地を説こうとしています。

聞き手は虚空蔵大菩薩《こくうぞうだいぼさつ》です。宝生如来である一切三界主如来が形を変えて聴衆となったのが虚空蔵大菩薩です。何を説いたかというと、「一切如来《いっさいにょらい》の灌頂智《かんじょうち》蔵《ぞう》の般若理趣《はんにゃりしゅ》を説きたもう」とあります。一切如来の灌頂——頭に水を滴《したた》らして法を授ける——を受けることでたくさんの知恵を見つけ出す般若の教えということです。

三界の主となるためには、お金を積んで賄賂《わいろ》を配って、あるいは地位によって有無をいわさずに自分の思うように相手を支配することとか、私たちはこんな手段しか思いつきません。札たばで面をはってみようとか、課長よりは部長、部長よりは社長になって人に自分のいうことを聞かせようとしか考えません。ところで本当の三界の主となるにはいったいどうすればよいか、三界のリーダーになる、みなから尊敬されるようになるにはどうしたらいいか、ということを説いたのが第五段だとお考え下さい。

「大日如来から灌頂を受け三界の法王の位にのぼる」と書いてありますが、そうするとどうなるのでしょう。灌頂を受けることで現実世界の一切のものの中に精神的・物質的価値を見いだし、すべての人の願いによって宝を与えることが三界の主となることです。すべてのものの価値を見つけていくことです。人間が二人寄り集まりますと、たいてい悪口をいうのが好きでごはんを食べるのも忘れて他人の悪口をいう。でも、他人をほめることはなかなかできません。悪口ならいくらでも出てきますが、二言、三言ほめてもあとが続かない。灌頂を受けるというのはこの反対なのです。それぞれのもっている価値に目が覚める、どんなつまらないものにも長所を見つける、一切のものの中に価値を再認識する。

この第五段は三界の主になる、世の中のリーダーになるにはどうするかという問題ですが、それは一言でいえば世の中の人のもっているいい点を見つけ出すということです。相手のもっている特徴、もち味、そういうものの価値を早く見つけ出し、その特徴に対して適切な取り扱いをする、これがリーダーの条件となります。お金をためることでも、地位が上にあって相手に命令することでもありません。それぞれの人のもっているもち味、価値に目覚め再発見する、そうすることで人びとを引っぱっていくことが三界の主となることで、それを説こうとしたのが第五段です。

四種の布施

布施《ふせ》というのは相手にものを施すことですが、これには四つの段階があります。「灌頂《かんじょう》の施《せ》・義利《ぎり》の施・法施《ほう》・資生施《ししょう》」の四種類です。

灌頂の布施をすることで三界の法王の位を獲得する、義利の布施によって一切の意願の満足を得る。法の布施によって一切の法を円満することができる、資生の布施によって身口意の一切の安楽を得ることができると書いてあります。

順序としては初めに挙げられているほうが価値の高い布施となります。低いほうから説明すると、まず資生施です。資生とはもののことで、食べものとか着るものなどを飢えている畜生などに与える布施です。「飢えているものにはまずパンを与えよ」という布施です。飢えたものに食べものを施すことで、「身口意の一切の安楽を得る」、体も言葉も心もことごとく安楽を得ることができます。

法施というのは精神的な施しを与えることで、腹のへっているものに食べものを与えたら、つぎの段階では精神的アドバイスをして導いていきます。相手は畜生より少し上の天《てん》竜八部衆《りゅうはちぶしゅう》です。精神的に飢えているものに真理を説くことによって、一切法を円満することができます。

義利施は財施のことで、財物を与えるということです。誰に与えるかというと、もともと財の支配を受けない比丘《びく》とか、沙門《しゃもん》とかの出家者に与えます。一般に仏教では在家から出家には財施を与え、出家は在家に対して法の布施・法施を与えることになっていますが、密教ではずいぶん違います。「飢えているものにはまず食物を与えよ」という資生施を行う。密教では精神的な価値だけを説くわけではなく、物質的な価値も大切なのであると説きます。

虚《むな》しく往《ゆ》きて実《み》ちて帰る

弘法大師のお師匠さんの恵果和尚《けいかかしょう》が亡くなったとき、弘法大師が碑文を書いて恵果の徳をたたえています。そこに「虚往実帰」という言葉があります。「虚《むな》しく往《ゆ》きて実《み》ちて帰《かえ》る」。師匠の恵果はくる人がみなこういう気持ちを味わって帰ったかたですよという最大のほめ言葉です。恵果の門をくぐった人はみな虚しくきたけれど、門を出るときにはみな満ち足りた人になって帰っていきました、これほどすばらしい人でしたよということです。弘法大師もそうでした。何度もいく人かのお師匠さんのところへ「虚しく往きて虚しく帰った」あげく、恵果のところへいってもまた虚しく帰らなくてはいけないのかと思って門をたたいたのだけれど、まったく充実した気持ちをもって帰った、こんなお師匠さまでしたと書いてあります。「虚しく往きて実ちて帰らせる」ような人柄にどうしてなったかという秘密がこの言葉の前に書いてあります。「貧《ひん》を済《すく》うに財《たから》をもってし、愚《ぐ》を導《みちび》くに法《ほう》をもってす。財を積まざるをもって心とし、法を慳《お》しまざるをもって性《しょう》とす」と。本当にいい言葉です。

師匠の恵果はどんな人かというと、「貧乏人がきたらまず財を与えよ、愚かなものがきたらまずかれに法を与えよ」とおっしゃった。それまでの仏教ではお坊さんは財をもってはいけない、お金をもってはいけなかったのに、貧乏人がきたらお坊さんのほうから財を与えなさいと書いてあります。このへんが密教なのです。「飢えたものを見たらまずパンを施し、それから法を説き、愚かなものがきたら法をもって導け」と。

ところで、お坊さんはお金をもってはいけないのに「飢えたものがきたらこれに施せ」というのは困るわけです。してはいけないことを説いています。ところが、そのあとに「財を積まざるをもって心とし」とあります。では、飢えたものがきたら財を施すために、お金をもっていたらよいかというとそうではない。財にとらわれてお金を一生懸命かき集める心をもってはいけない、しかし入ってきた財物はそのまま置いておいて、飢えたものがきたらそれを施しなさいということです。これは今までの仏教の考えかたと百八十度の転換です。

最後に「法を慳《お》しまざるをもって性《しょう》とす」とあって、愚かなものがきたら法を説けというけれど、相手によって法を惜しんではいけないとおっしゃった。そういう人であったからこそ、恵果のところにはたくさんのお弟子さんがよってきて、みな満ち足りた心で出ていくことができるのです。

密教の布施のありかたがここに表わされています。ふつうだったらお坊さんは財をもたず法だけを説けといいますが、「財をもっていて金の足らないものには施して、それから法を説きなさい、しかし財をためこんで執着してはいけない」というのが密教の精神面だけでなく、精神・物質の両面の救済を説く特色でしょう。このことが端的に恵果の碑文に出てきます。

恵果和尚画像　西生院蔵（和歌山）

ですから、ここにも義利施という財施が説かれています。

心の眼を開く布施

最後に灌頂施とは何かといいますと、結局「心の眼を開く」という布施なのです。すべてのものに価値を見出していく布施です。すべてのものに価値を見出すことによって三界の法王の位を得るのであるということです。

灌頂施は金剛宝菩薩《こんごうほうぼさつ》、義利施は金剛光《こう》菩薩、法施は金剛幢《どう》菩薩、資生施は金剛笑《しょう》菩薩というように、宝生如来をとりまく四菩薩の悟りの境地とみなされています。

虚空蔵菩薩が一字真言を説く

第五段は経典読誦《どくじゅ》の功徳《くどく》が抜けています。そこで聴衆であった虚空蔵菩薩《こくうぞうぼさつ》が出てきます。これは一切三界主如来が形を変えたものですが、虚空蔵という名前は果てしのない、財産がつぎからつぎへと出てくる蔵という意味です。本当の財産とは人びとのもっている無限の価値ということで、「人びとの価値が虚空の蔵のように無限にあるのに、なぜそれに目覚めないのか」ということです。「故に凞怡微笑《きいみしょう》して金剛宝鬘《こんごうほうまん》を以《もっ》て自らその首に繫《か》け一《いっ》切灌頂三摩耶《さいかんじょうさんまや》の宝の心を説きたもう」と。輪になった首飾り（金剛宝鬘）を自分の首にかけて、一切の灌頂を与えて悟りに至らせるような無限の宝の心真言をお説きになりましたということです。これがトラーム（trāṃ 怛囕《たらん》）です。これも ta, ra, ā, ma という四つの字に分けて、前述の四つの布施にあてはめています。これが虚空蔵菩薩（一切三界主如来）の悟りの境地です。

いかに活動すべきか

時《ニ》薄伽梵得《玉フ》一切如來《ノ》智印《ヲ》如來《ハ》
復説《キ玉フ》一切如來《ノ》智印《ノ》加持《ナル》般若理趣《ヲ》。
所謂持《スレバ》一切如來《ノ》身印《ヲ》即《チ》爲《ル》一切如來《ノ》身《ト》。
持《スレバ》一切如來《ノ》語印《ヲ》即《チ》得《ル》一切如來《ノ》法《ヲ》。
持《スレバ》一切如來《ノ》心印《ヲ》即《チ》證《ス》一切如來《ノ》三摩地《ヲ》。
持《スレバ》一切如來《ノ》金剛印《ヲ》即《チ》成就《ス》一切如來《ノ》身口意業《ノ》最勝《ノ》悉地《ヲ》。
金剛手《ヨ》若《シ》有《ラバ》聞《テ》此《ノ》理趣《ヲ》受持《シ》讀誦《シ》作意思惟《スルコト》
得一切《ノ》自在《ト》一切《ノ》智智《ト》一切《ノ》事業《ト》一切《ノ》成就《トヲ》
得一切《ノ》身《ト》口《ト》意《トノ》金剛性《ノ》一切《ノ》悉地《ヲ》
疾《ク》證《スベシ》無上正等菩提《ヲ》。
時《ニ》薄伽梵爲《ノ》欲《ルガ》重《テ》顯明《セント》此《ノ》義《ヲ》故《ニ》凞怡微笑《シテ》

持二シテ金剛拳ノ大三摩耶ノ印一ヲ。
説二キ玉フ此ノ一切堅固金剛ノ印ノ悉地ノ三摩耶ナル自ノ眞實ノ心一ヲ。

第六段です。いかに私たちが活動したらよいか、働く・動くというのはいったいどういう意味なのかということを説いた段です。私たちは「働く」とよくいいますが、本来の働きとはいったいどうあるべきかを第六段から勉強しようということです。これは「得一切《とくいっさい》如来智《にょらいち》印如来《いんにょらい》」、一切如来の知恵というものを得た如来がお説きになったもので、金剛拳《こんごうけん》菩薩《ぼさつ》にあたります。そして本来は不空成就《ふくうじょうじゅ》如来の悟り、活動のありかたを説こうとしたものです。

得一切如来智印如来が「復《ま》た一切如来の智印の加持《かじ》なる般若理趣を説きたもう」とあります。不空成就如来の別名である得一切如来智印如来が、一切如来の身語心《しんごしん》の三密の活動を衆生が受けとめて観察し、如来の加持をもって大印《だいいん》・法《ほう》印・三昧耶《さんまや》印・羯磨《かつま》印という四つの印を観想して、行者の身口意《しんくい》と一切の活動が完成する、ということを説こうとしています。

四種の印

ここに「身印・語印・心印」の三密、体と言葉と心の印、そしてそれら「一切如来の金剛印を持すれば一切如来の身口意業の最勝《さいしょう》の悉地《しつち》を成就する」と説かれています。では、一切如来の体の印（身の印）とは何かというと、行者の身が加持せられて無碍自在《むげじざい》の身体を得て無辺の世界に対して無限の供養をするということです。一切如来の身となるとはどういうことかというと、体の上のいろいろな苦労を惜しまず、世のため人のために思いっきり働くということです。自分のことを考えるのではなくて、世のため人のため、骨身を惜しまず働き続けるということで一切如来の体となることができる、自分の体を超えて仏さまの体であることに気づくのですということです。自分のことをすっかり忘れて世のため人のために働いていると、仏さまが働かせてくれた仏さまの体なのだという気になるようなことがあります。

つぎに一切如来の語印とは何かというと、大慈の鎧《よろい》や冑《かぶと》を身につけて金剛不壊《こんごうふえ》のこわれないような体となって人びとを守って、異端邪説に従わぬような正しい道に導いていくこと、世の中のいろいろな風評や悪口に惑わされず一目散に仏道修行に人びとを導くことです。自分を忘れて法を説いていくことで、一切如来の法を得ることができるということです。

一切如来の心印とは何かというと、世間で悪業をなす悪者に大悲の心でもって、忿怒相《ふんぬそう》を示してでも、叱りつけて正しい教えに導くことで、一切如来の三摩地――悟りの境地が得られますということです。

一切如来の金剛の印とは、身口意の三密が一体となって自在の活動をする、体も言葉も心も一つになった働き、口だけで実行が伴わないのではなく心のこもった、言葉も整い体もそれに伴うような働きによって人びとを救うことです。これらの四印は「金剛業《ごう》菩薩・金剛護《ご》菩薩・金剛薬叉《やしゃ》菩薩・金剛拳《けん》菩薩」という不空成就如来を囲む四菩薩のそれぞれの悟りの境地を表わしています。

功徳を説く

このつぎにまた功徳《くどく》が説かれて「この理趣《りしゅ》を聞きて受持《じゅじ》し作意思惟《さくいしい》することあらば、一《いっ》切《さい》の自在《じざい》と一切の智智《ちち》と一切の事業《じごう》と一切の成就《じょうじゅ》とを得る」とあります。一切の自在は身口意《しんくい》の口の働き、一切の智智は心・意の働き、一切の事業は金剛の働き、一切の成就は体・身の働きで、三密と金剛の四つの働きを得ることができるということです。つぎに「一切の身と口と意との金剛性の一切の悉地《しっち》を得」と、弘法大師は六種に分けられておりますが、ここでは四つの功徳とみます。これ以上はないというすばらしい悟り（無上の正等菩薩）を身につけることができると説かれています。

金剛拳菩薩が一字真言を説く

薄伽梵《ばくがぼん》とは八大菩薩の四番目、金剛拳菩薩《こんごうけんぼさつ》のことです。金剛拳菩薩が重ねてこの意味を明らかにしようと思ってにっこりほほえんで、「金剛拳の大三摩耶《だいさんまや》の印を持して、この一《いっ》切堅固《さいけんご》金剛の印の悉地《しっち》の三摩耶なる自《みずから》の真実の心を説きたもう」と。金剛拳の三摩耶の印を結んで、悟りの自身の真実なる心真言つまり一字の真言をお説きになったということです。この一字の真言はアーハ（aḥ 噁《あく》）です。

これは無住処涅槃《むじゅうしょねはん》を表わします。無住処涅槃、住むところのない涅槃というのは、悟りの境地（涅槃）に入ってゆっくり休もうというのではなく、涅槃にいってもよいといわれてもいかずに、世の中や人のためにきりきり舞いして働く、それが本来の活動のありかたであるということです。もう隠居してもいいといわれても、「私はまだやることがあるのだ、世の中の人が苦しんでいるかぎり、隠居できない」ということです。口ばかりでなく体も動かして、自分を忘れて世のため人のために働くことが本来の活動のありかた、意味ですよということが第六段に書かれています。そうすることで、自分の体・心・言葉であったものが、ある日突然自分ではなく、仏さまがやらせていて下さったのだということに気づくのです。本当の活動というのはそういうものであると説いています。自分を忘れて世のため人のために働いていると、それがそのまま仏さまの働きそのものになりきっているのですよということです。自分の計算を入れて働くのではないということです。

以上の四段（三・四・五・六段）は大日如来の徳を四つ（阿閦《あしゅく》・宝生《ほうしょう》・阿弥陀《あみだ》・不空《ふくう》成就《じょうじゅ》の四仏）に分けたもので、四仏がいろいろと名前を変えて出てきます。その聴衆が八大菩薩のうちの四菩薩で、聞いていた教えをもう一度復唱するという形になっています。

この四つの段は、理趣経というのは私たちにまったく縁のない世界を説いているのではなく、生きていく上のありかた、「本当の怒りとは何か、汚れた世の中に自分が生きていくことはどういうことか、世の中のリーダー（三界の主）になるにはどうしたらよいか、世の中の本当の働き・活動というのは本来どういうものなのか」ということを説いています。これがすべて大日如来の悟りそのものなのです。ですから、理趣経に書かれている問題というのは非常に身近なものなのです。まず生きているということが前提にあって、生きているものがどうするべきかを説くのが理趣経であります。

如来の悟りにどうしたら近づけるか

時ニ薄伽梵一切ノ無戯論ナル如來ハ
復説キ玉フ二轉字輪ノ般若理趣ヲ一。

所レ謂

諸法《ハ》空《ナリ》與《ト》二無自性一相應《スルガ》故《ニ》。
諸法《ハ》無相《ナリ》與《ト》二無相《ノ》性一相應《スルガ》故《ニ》。
諸法《ハ》無願《ナリ》與《ト》二無願《ノ》性一相應《スルガ》故《ニ》。
諸法《ハ》光明《ナリ》般若波羅蜜多清淨《ナルガ》故《ニ》。

時《ニ》文殊師利童眞欲《ルガ》三重《テ》顯二明《セント》此《ノ》義一《ヲ》故《ニ》凞怡微笑《シテ》
以《テ》二自《ノ》劒一《ヲ》揮二斫《シテ》一切如來一《ヲ》
以《テ》說《キ玉フ》二此《ノ》般若波羅蜜多《ノ》最勝《ノ》心一《ヲ》。

聴衆の代表である八人の菩薩のうち、最初の四人の菩薩の担当部分がすみましたが、この四人は実は金剛界の四仏であるという構成になっています。金剛界の四仏の説をもう一度聴衆の四人の菩薩が復唱します。第三から第六までの四段では金剛界の四仏の悟りの境地が説かれました。

つぎに第七から第十までの四段で、このような悟りの境地にどのようにしてたどりつく

女神を伴う四面八臂の文殊師利（ネパール）

かということをもう少し具体的に説明していて、各段が四人の菩薩の担当となっています。第七段は一切無《いっさいむ》戯論如来《けろんにょらい》が主体で、これを復唱するのが文殊師利《もんじゅしり》菩薩です。一切無戯論如来はもともと文殊師利菩薩と同じで、姿を変えて自分の説いたところを復唱しています。

分別を超えた如来が説く

一切無戯論如来とは何かというと、戯論をなくした如来ということです。現実世界のいろいろな現象とか、人間のはからい、分別はすべて本来的なものではなく、仮のものだと仏教では考えています。自と他の区別とか対立のある世界はすべて仮のもので、我われの分別から生まれたものなので、これを「戯論《けろん》」といいます。これは戯れの論であるからなくさなくてはいけない。これを超えてしまわなくてはならない。ですから、第七段は一切無戯論如来——戯論を超えた如来によって説かれています。

一切無戯論如来は文殊師利菩薩と同じなので、文殊師利菩薩の悟りの境地を表わしています。文殊師利菩薩は知恵の仏さまで、受験のときに「知恵を授けて下さい」とお願いにいったりします。知恵というのは受験にかかわるような技術のことではないのですが、知識と一緒にされて文殊師利菩薩が受験の仏さまになったりしています。本来の文殊の知恵とは何かというと、分別を断ち切ることです。ですから「いい大学に入りたい」というような分別を文殊菩薩にお願いしたらかえって逆になるのではないかと思います。

分別というのは煩悩ですから、煩悩（執着・とらわれ）を断ち切るにはどうしたらよいかということです。何かにこだわって悩んでしまうようなときに、現実世界のこだわりをなくすにはどうしたらよいかということを文殊菩薩にお願いします。受験のときに頼むのは筋違いです。何かにこだわってにっちもさっちもいかない――名誉にこだわるとき、金銭にこだわるとき、愛情にこだわるとき、これらに執着するとき、いったいどうしたらよいのかを文殊菩薩に聞いてみようと考えますと、理趣経もわかりやすくなってきます。

字輪を転ずる

まず「転字輪《てんじりん》の般若理趣を説きたもう」とあります。転字輪とは文字（梵字）で書いた輪をぐるぐるまわす――字輪を転ずる――ということです。梵字の一番初めはアで、これが基本となります。このアの字をぐるぐるまわすことで字輪を転じて、現象世界をどのように私たちは見るべきであろうかという問題です。

もともと輪をまわすことを転法輪といいますが、これは説教をするということです。釈尊が説教をするときも法輪を転じるといいます。法輪は教えですから、法輪を転ずるということは、みなにいき渡るように教えをぐるぐるまわすことです。

法輪についてお話しします。釈尊の入滅後すぐに、お弟子さんたちは釈尊の仏像を作ったかというとそうではありません。最初のうちは、釈尊があまりに偉すぎるので、弟子たちは仏像に刻んだりすることなどとてもできませんでした。どんなものを作っても満足するものができないのです。

釈尊の亡くなったずっと後、紀元前後になってからインドのガンダーラやマトゥラーで仏像を刻むようになったといいます。ではその間、釈尊を表わすのにどうしていたかというと、釈尊の一生を描いた古い彫刻などでは、仏像に刻んだのではなく、天蓋《てんがい》をもって表わしました。天蓋はお寺の本堂にいくと、住職の座の上に天井からつるしてあるものですが、この天蓋だけで表わして下には座を置く。あまり偉すぎて表わせないので、こういう表現をしたわけです。あるいは地面に足跡を刻んだり、法輪を描いて釈尊の座の上に乗せて、釈尊がそこにおられることを表わしました。

このように釈尊を表わす象徴の法輪は転法輪からきています。釈尊が法輪を転じられたからということです。転法輪にはもう一つ武器の意味があります。もともと輪を投げて敵を倒す武器であったものが、仏教に入って仏さまの説法になりました。転輪聖王《てんりんじょうおう》──釈尊を法を転ずる聖なる王さまだといういいかたをして仏典の中に出てきます。字輪を転ずるとは説法をするということです。戯論をなくすとは、そういう武器で人間の中に巣くっている煩悩を断ち切るということです。

本不生の世界

文殊菩薩の像を見ますと、片手にお経、片手に剣をもっています。お経で知恵を表わし、剣で相手の煩悩を断ち、自分の中の煩悩を断ちます。サンスクリット語では、ア字はもと もと本不生《ほんぷしょう》という言葉の頭文字でアンウトパーダ（anutpāda）といいます。本不生というのは、本来生じたものでも滅したものでもない、世の中の根源的なものです。どこかで生まれたのなら始まりがありますが、始まりもない根源的なものです。すべての現象世界の根源、おおもとであります。この根源的真理を言葉で表現すると、何をいっても「だめだ」と否定をくり返さなければなりません。これはいわゆる八不《はっぷ》という形で、生でも滅でもない、垢でも浄でもない、増でも減でもないというような対立する概念をどんどん切っていきます。そうしないと本来のものにいきつけないということです。

アは本不生の頭文字であるとともに、サンスクリット語でアを使うと全部否定の意味になります。ウトパーダ（utpāda）とは生まれるという意味です。これにアをつけると否定になりますから不生です。名詞にアをつけると否定になりますから、インド人がアという言葉を聞くと、打ち消しを思い浮かべます。漢文の不にあたる言葉です。ですから、アの字を転ずるということは、現象世界のすべてのものを打ち消していくことです。打ち消していって本不生という絶対の真理に入っていきます。

アは打ち消しであると同時に、打ち消しの究極においては本不生であり、この両方の意味をもっています。この言語感覚は日本語を使っている私たちにはちょっとわかりにくいのですが、アというのは非常におもしろい意味をもっています。

それからアルファベットの始まりの字でもあり、ものごとの始まりという意味もあります。打ち消しの意味もあって、本来の打ち消しても打ち消しきれない絶対の真理の意味もあるし、これらのイメージがアという字によって人びとの頭の中に浮かんできます。ですから、ア字を転ずるというのはすべてのものを否定していくことにもなるし、真理に近づいていくという意味にもなります。法輪を転ずるということは、ア字輪を転ずるということです。

執着を断ち切る

いわゆるこだわりを捨てる、執着を乗り越えるにはどうしたらよいかということがこの段の問題です。「いわゆる諸法《しょほう》は空《くう》なり、無自性《むじしょう》と相応《しょうおう》するが故《ゆえ》に。諸法は無相《むそう》なり、無相の性と相応するが故に。諸法は無願《むがん》なり、無願の性と相応するが故に。諸法は光明《こうみょう》なり、般若波羅蜜多清浄《はんにゃはらみったしょうじょう》なるが故に」とあります。この空《くう》・無相《むそう》・無願《むがん》というのは大乗仏教でよくいわれることで、これを三解脱門《さんげだつもん》――解脱に至る三つの門――あるいは三三昧《さんさんまい》門《もん》といいます。

諸法の法とは現象世界、この世の中に存在するもので、これが本質としては空である、無相である、無願であると大乗仏教では説きます。現象世界のものを私たちは現実に存在していると考えています。たとえば、ここにコップがあって手がさわっているから、コップが存在していると思います。ところがコップという性があるかというと、割ってしまえばバラバラになってガラスの破片と化し、コップそのものは存在しなくなります。ですからコップの性があるはずがないのです。割れてしまえば土と同じです。机にしても、大工さんが細工したから木が机になったので、山にあるときは木ですし、かまどの下にもっていけば薪《たきぎ》です。机の性はどこにあるのでしょうか。私たちは存在しているように考えていますが、このようにみると机はどこにもないのです。

ものごとがあるかのように私たちはこだわっているけれど、それはあるように見えるだけで、本来はみなコップや机と同じように空なのです。私たちはものごとを一つの性があって固定的なものだと思っていますが、本来はそうではありません。執着のために机なら机、コップならコップ、それだけにしか見えないように思いこんでいますが、そこに絶対不変のものがあると思うからこだわりや執着や苦しみが出てくるのです。一切のものは空であって、本来はないものだということです。

つぎに無相の相とは何かというと、形のことで、無相——形をもったものはないということを表わします。無願とは願いがないと書きますが、何も願わなくてよいことかというとそうではありません。「ああしたい、こうしたい」と思うことが一つの執着のもとになります。こういうふうに空・無相・無願というのは、私たちの執着を文殊菩薩の剣で否定していくやりかたです。執着を逃れ知恵を獲得するには、この三つの解脱門を通らなければなりません。「一切のものは空であり、形をもたず、願いももたない」と大乗仏教ではいいますが、密教ではこういう否定だけではいけません。否定して否定しつくしたところに光明が出てきます。大乗仏教でいう空・無相・無願という否定的なものの後に、ぽっと積極的なもの、明かりがさしてきます。現象世界に存在するすべてのものは私たちがいろいろな形にこだわって固定的な観念をもっているから、そこに執着が生まれてきます。そういうものを本来的にことごとく断ち切って最後に光明が見えてきます。

「般若理趣釈」によると、この四つは、金剛界マンダラの金剛利《り》菩薩の悟りの境地を表わしています。「金剛頂経《こんごうちょうぎょう》」に四つの章がありまして、空は金剛界品、無相は降三世《ごうさんぜ》品、無願は遍調伏《へんちょうぶく》品、光明は一切義成就《いっさいぎじょうじゅ》品と、それぞれの章の金剛利菩薩の悟りの境地を表わしています。これは抽象的な原理ではなく、それぞれの具体的な金剛利菩薩の悟りを表わすとされるところが密教的です。

四仏まで切る

文殊師利菩薩はサンスクリット語でマンジュシュリー（mañjuśrī）といいます。一切無《む》戯《け》論《ろん》如来の分身である文殊師利菩薩が一切無戯論如来のお説きになった教えをもう一度重ねて説こうとして、凞《き》怡《い》微《み》笑《しょう》してつまりにっこりほほえんで、自分の剣をもって一切如来を揮《き》斫《しゃく》して、この般若波羅蜜多の最勝の真髄をお説きになったとあります。アン（aṃ 菴）という一字の真言をお説きになりました。

文殊師利菩薩が剣で一切如来つまり金剛界の四仏を断ち切ってしまう（揮斫）と書いてありますが、これはおもしろい。初めのほうに書いてある、空・無相・無願――こだわりを断ち切るというのはみなさんおわかりだと思いますが、一切如来・金剛界の四仏までもをすべて断ち切ってしまおうというのはどういうことでしょうか。大日如来の性格を四つに分けてそれぞれを表わしたものが金剛界の四仏です。その悟り（四人の仏さま）まで断ち切ってしまうということは、何も拠るべきものがない、自分が最後の拠りどころにしているものまですべて断ち切ってしまうということです。他に頼らず絶対的権威を断ち切って、結局、自分のところへ帰ってきます。そして自分自身で絶対的権威を見つけながら進んでいくということです。「あっちがいいか、こっちがいいか」という拠りどころを捨てて、自分の心を無限に広げていくことが自由であり自在なのです。

文殊菩薩の教えは、このように、私たちが拠るべきものではないものに拠っているから苦しみが生まれるということです。たとえば本なら、その本を自分のものだと思うから大事にし、とらわれて、もっていかれると腹をたてます。自分のものは他人のものだから、他人がもっていってもいいやと思えば気がすっとしてくる。このような形で、こだわりや執着を断つには、文殊菩薩にお願いするのです。文殊菩薩は剣で私たちの心の中の迷いの束縛を断ち切り、左手にもっているお経でそういう真理の世界を示してくれます。

真理の世界に入る方法

時薄伽梵一切如來入大輪如來
復説入大輪般若理趣。
所謂入金剛平等則入一切如來法輪。
入義平等則入大菩薩輪。
入一切法平等則入妙法輪。
入一切業平等則入一切事業輪。
時纔發心轉法輪大菩薩欲重顯明此義故凞怡微咲

轉《シテ》金剛輪《ヲ》
説《キ玉フ》一切金剛三摩耶《ノ》心《ヲ》。

第八段に入ります。「薄伽梵《ばくがぼん》一切如来《いっさいにょらい》の大輪《だいりん》に入りたもう如来」とあります。大輪とはマンダラのことです。大日如来の悟りの境地である金剛界の大マンダラに入る方法をお説きになった一切如来入大輪如来《いっさいにょらいにゅうたいりん》如来です。これは菩薩になると纔発心転法輪《さいはっしんてんぼうりん》大菩薩です。

第七段では文殊師利菩薩が私たちの固定的なものの考え方（執着）を断ち切って悟りに導くことが説かれていました。第八段では、さらに現象世界のものをじっくり観察して、その全体を統括する真理の世界――金剛界のマンダラに入っていくにはどうすればよいかという問題になっていきます。真理の世界に入っていくために私たちはどうあるべきかということを第八段で説いています。

四種の平等

「いわゆる金剛平等に入るは、則《すなわ》ち一切如来の法輪に入るなり。義平等に入るは、則ち大菩薩輪に入るなり。一切法平等に入るは、則ち妙法輪に入るなり。一切業平等に入るは、則ち一切事業輪に入るなり」と四種の平等を説いています。この平等は前にも申し上げた通りイコールという意味の平等ではなく、自分と仏さまが別々のようにみえるけれども本質的に違わないという意味です。理趣経に出てくる平等とはそういう意味です。本質的に違わないということであって、AとBが姿も形も色もみな似ているから等しいということではありません。

この平等は仏さまと自分です。真理の世界と自分がどういう関係にあるかというと、本来一つであるということです。金剛平等とは金剛不壊《ふえ》、ダイヤモンドのようにこわれることのない、非常に永遠性をもったという意味です。仏さまと自分が本質的に違わないということは、自分も非常に堅固で永遠性をもっていて、こわすことができないという性格をもつことを示しています。「一切如来の法輪に入る」とはこういうことです。自分の悟り・自分自身の本質は仏さまの本質とちっとも変わりない。ですから、自分自身をじっくり観察すれば、まさにそれが仏さまにほかならないのです。

つぎに義平等です。義はサンスクリット語でアルタ（artha）といいます。アルタには

「意味・利益」という意味がありますが、ここでは利益を表わします。利益とは特質、特徴、もち味ということです。自分も仏さまもそれぞれのもち味があって本質的に一つなのです。自分だけでなく周囲にいる人もみなそれぞれのもち味があって、もち味そのものが仏さまのものとちっとも変わらないのです。

つぎに一切法平等ですが、これは教え（一切法）が平等である、あるいは現象世界に存在するすべてのもの（一切法）が本質的に仏さまと一つであるということです。これが「妙法輪に入る」ことです。

一切業平等は、業つまり働き・活動が自分も仏さまも本質的に一つであるということです。「一切の働きを表わすマンダラ（事業輪）に入る」ことです。ですから、この四つの平等はそれぞれ順番に、金剛部《こんごうぶ》・宝部《ほうぶ》・蓮花部《れんげぶ》・羯磨部《かつまぶ》のマンダラに該当します。

私たちはどうしても「自分はつまらないものだ」とか、「周囲の人はみな欠点をもっているくだらないものだ」とか考えますが、そういうのは表面的なものしか見ていないのです。本質的なものを見ればみな平等なのです。みなそれぞれがかけがえのないこと、仏さまと自分が本質的に一つであることを悟る、それが一切の金剛界の大マンダラに入っていくことです。一切如来入大輪如来というのは、この悟りの世界に入っていくにはどうしたらよいのかを説いています。

発心したとたんに法を説く

この教えをもう一度説くのが纔発心転法輪菩薩《さいはっしんてんぽうりんぼさつ》ですが、「わずかに発心すれば法輪を転ずる」菩薩ということです。纔はわずかに、あるいは、するやいなやということですから、「発心するやいなや法輪を転ずる」菩薩です。いろいろ勉強して知識を積んで法輪を転ずる――法を人びとに説き明かすことができるのであって、やろうと思ったとたんにすぐ先生になれるわけがないとふつうは考えます。ところが密教の考えかたでは、みな本来は仏さまなのだから、やろうと思ったとたんに、自分の考えている、あるいは自分の行ってきたことがそのままお手本になるということです。やろうと思ったとたんに自分の本来のものが出てきて、人びとにいろいろ教えることができるのです。

知識ではなく、本来のものが出てくると相手がそれを受け取って、すでに先生になっています。学校へ入ろうと思ったとたんに先生になっているということです。これが密教のおもしろいところです。纔発心転法輪菩薩の表わしている意味は、長いこと一生懸命修行して先生になるのではなく、やろうと思ったとたん、その姿を見てまわりの人が影響を受けるということです。その人の本質が出てきた場合にはそうなってきます。

忿怒の一字真言を説く

一切如来入大輪如来の悟りの境地を表わしたのが纔発心転法輪菩薩です。「重ねてこの意味を明らかにしようとほほえんで、金剛の輪を転じて一切金剛のこわれることのない悟りの心真言（三摩耶《さんまや》の心）であるフーン（hūṃ 吽）をお説きになった」とあります。フーンというのは怒りを表わす忿怒《ふんぬ》相《そう》のときの真言です。

第八段は蓮花部の仏さまのことを書いています。蓮花部の仏さまは優しい仏さまなのですが、フーンという怒りの真言を使っているので、これを問題にした注釈書もあります。密教では怒りながらほほえんでいるということもありますから、優しい仏さまのところでフーンという真言を用いてはいけないということはありません。

以上が一切如来入大輪如来の悟りの境地で、第六番目の菩薩になります。悟りの世界に入るにはどうしたらよいかというと、永遠性を見つめて、自分自身と仏さまがちっとも変わらないということ、あるいは自分も仏さまの利益・特質をもっていること、一切の法・教えも仏さまと同様にもっていること、自分の活動も仏さまと本質的に変わらない、自分の働きは仏さまの働きをしているのだということに気づくことで悟りの世界に入れる――大マンダラ（如来の輪）に入れるのです。本質は仏さまも自分も変わらないことに気づけばよいのです。

供養とはどういうことか

時《ニ》薄伽梵一切如來《ヲ》種種《ニ》供養《スル》藏《ヲ以》廣大《ノ》儀式《ニイマス》如來《ハ》
復説《キ玉フ》二一切《ノ》供養《ノ》最勝《ヲ》出生《スル》般若理趣一《ヲ》。

所レ謂

發《スハ》二菩提心一《ヲ》　則《チ》爲《ナル》下於《テ》二諸《ノ》如來一《ニ》廣大《ニ》供養上《スルニ》

救二濟《スルハ》一切衆生一《ヲ》　則《チ》爲《ナル》下於《テ》二諸《ノ》如來一《ニ》廣大《ニ》供養上《スルニ》。

受二持《スルハ》妙典一《ヲ》　則《チ》爲《ナル》下於《テ》二諸《ノ》如來一《ニ》廣大《ニ》供養上《スルニ》。

於《テ》二般若波羅蜜多一《ニ》受持《シ》讀誦《シ》自《ラ》書《シ》
教《ヘテ》レ他《ヲ》書《セシメ》思惟《シ》修習《シ》種種《ニ》供養《スルハ》
則《チ》爲《ナル》下於《テ》二諸《ノ》如來一《ニ》廣大《ニ》供養上《スルニ》。

時《ニ》虛空庫大菩薩欲《ルガ》三重《テ》顯二明《セント》此《ノ》義一《ヲ》故《ニ》熈怡微咲《シテ》
説《キ玉フ》二此《ノ》一切事業《ノ》不空三摩耶《ノ》一切金剛《ノ》心一《ヲ》。

第九段に移ります。第九段は第五段と同じように宝部の教えです。ただ第五段は現実世界にひそむ無限の価値について重点的に説いています。それに対して第九段は、そういった無限の価値をもつものについて、どのように供養《くよう》すべきかということが主題となっております。

第九段は「一切如来を種種に供養する蔵《ぞう》を以て広大の儀式にいます如来」という長い名前の如来がお説きになりました。菩薩でいえば虚空庫《こくうこ》大菩薩です。供養というのはいったいどういうことなのか、具体的にいえば人のためにサービスする、サービスの心とは何かということを説いている段です。

「薄伽梵《ばくがぼん》一切如来《いっさいにょらい》を種種《しゅじゅ》に供養《くよう》する蔵《ぞう》を以《もっ》て広大《こうだい》の儀式《ぎしき》にいます如来は」とありますが、そのうち、蔵はくらのことではなく複数を表わし、たくさんの供養ということです。種々さまざまに供養する広大なかぎりない数の儀式をとり行う如来ということです。この如来が「一切の供養の最勝を現出する般若の教え」をお説きになりました。

供養というのはどうあるべきかという問題です。私たちは供養を仏さまに花や水を差し上げたり、香を焚《た》いたりするものだと考えます。お盆がくると、ご先祖に香を焚いたり、仏壇をきれいにしたり、お坊さんにきていただいてお経をあげて供養したと考えます。では、本当の供養とはいったい何なのでしょう。

四種の供養

もともと密教では、生きとし生けるものはすべて仏さまであると考えます。すべてのものは本質的に仏さまで、悟りをもっているけれどもそれに気づかないだけなのです。すべてが仏ですから、自分だけではなく他人に対しても供養するということが非常に大切なことになってきます。

第九段の本論では、行為をもってする供養を四種類に分けます。すなわち、菩提心を起こすこと、一切衆生を救済すること、妙典を受持すること、般若波羅蜜多を受持し、読誦《どくじゅ》し、自ら書き、他に教えて書かせ、思惟し、修習することなどです。

この四種の供養は、金剛部、宝部、蓮花部、羯磨《かつま》部それぞれの如来に供養することになります。また一説では、金剛界マンダラの内《ない》の四供養菩薩の悟りの境地だともいいます。

金剛界マンダラを見ますと、嬉《き》・鬘《まん》・歌《か》・舞《ぶ》の四人の内の四供養菩薩がいます。金剛嬉菩薩は喜びを表わすことで供養をします。金剛鬘菩薩はいろいろな花輪をもって供養します。金剛歌菩薩は歌をうたうことで、金剛舞菩薩は踊ることで供養をする菩薩です。

この外側に、香《こう》・花《け》・灯《とう》・塗香《ずこう》の外《げ》の四供養菩薩がいます。金剛香菩薩は香を捧げ、金剛花菩薩は花を捧げ、金剛灯菩薩は灯明を捧げ、金剛塗香菩薩は塗香を捧げることでお互いに供養しあっています。お互いに供養するということは、それぞれを仏さまと認めて供

外四供養菩薩　アルチ寺壁画（ラダック地方）

上・灯女　下・塗女　　上・香女　下・花女

養するということです。

この四種の供養は、内の四供養菩薩のそれぞれの悟りを表わすわけですが、本当の供養とはいったい何かがここに説かれています。本当の供養とは何かというと、まず菩提心を起こすことです。菩提心――悟りを求めようとする心、何かをしてあげようという心を起こし、もろもろの如来に広大に供養することです。すると仏さまを供養することになります。金剛嬉菩薩の悟りの境地とされます。

つぎに一切の生きとし生けるものを救おう、困っているものを見捨てずにすべて引き受けよう、自分のことより一生懸命汗を流して相手につくしていこうというのが本当の供養です。これが金剛鬘菩薩の悟りの境地です。

つぎに妙典つまり理趣経の精神を自分のものにし、心にもつことが、もろもろの如来に供養することになります。理趣経の精神をしっかり受持して世の中に処していくことが仏さまを供養することになります。これが金剛歌菩薩の悟りです。

最後に般若波羅蜜の悟りの知恵を自分でしっかり保持して、あるいは般若の経典を読んで自分で写して、その教えを他に伝えて、自分でそれをいろいろ思索し、実践するということがもろもろの如来に供養することです。金剛舞菩薩の悟りの境地とされます。

ここに説かれていることは、自分を捨てて他人のために体を動かしてつとめることが供養になる、般若の教えを日常生活の中で実践していく、般若の教えを自分の中にしっかり身につけていくこと、こういったことが本来の供養だということです。理趣経に説かれていることは小学生向けの教えではありません。一ひねりも二ひねりもひねった上級者向けの教えです。ですから、一般に供養といったら真心こめて仏さまに花を捧げるとか、香を焚《た》きましょうと教えますが、そうではないのです。お花をあげることや香を焚くことを卒業した人のための教えなのです。そういった目に見える供養ではなく、本当の供養というのは苦しんでいる人と一緒になって自分がその人たちを引き上げていこうとする心を起こすことなのです。そして、理趣経の精神を身につけ、それにもとづいて世の中に処していくことが本当の供養なのです。

そうかといって、花をあげたりお香を焚いたりすることがつまらないといっているわけではありません。そういったことは卒業しているはずなのです。そういうのは日常のことで何もいわなくてもやっています。

その上で本当の供養とはいったいどういうことかをここで説いています。そういう外的な供養ということだけではなく、本当はもっと内的な供養——自分のためではなく人のために体を動かすこと——が大切なのです。いうだけではだめで、供養というのはやはり人のために体を動かすということです。

虚空庫菩薩が一字真言を説く

本当の意味の供養を説いたのが虚空庫《こくうこ》大菩薩、大空を蔵とする菩薩です。空というのは無限大で、無限の価値をもっている、無限の価値を見つけ出す菩薩ということです。目に見える価値ではなく、目に見えない本質的な価値までもちゃんとお見通しなのです。

そういった虚空庫菩薩がもう一度如来のお説きになった四つの教えを明らかにしようとして、一切の活動（一切事業）が空しからず完成するという、一切の金剛のようにこわれることのない悟り（三摩耶《さんまや》）の真髄をお説きになりました。この心真言がオーン（om 唵）です。オーン字は古代インドで聖なる音とされたもので、真言の初めにつけたり、供養のときとなえたりします。供養を表わすに最もふさわしい真言と考えられたためでしょう。

難化《なんげ》を調伏《ちょうぶく》する

時ニ薄伽梵能ク調シ持シ玉ヘル二智拳一ヲ如來ハ
復説キ玉フ二一切ヲ調伏スル智藏ノ般若理趣一ヲ。
所レ謂一切ノ有情ノ平等ノ故ニ　忿怒ハ平等ナリ。
一切ノ有情ノ調伏ノ故ニ　忿怒ハ調伏ナリ。

一切《ノ》有情《ノ》法性《ノ》故《ニ》忿怒《ハ》法性《ナリ》。
一切《ノ》有情《ノ》金剛性《ノ》故《ニ》忿怒《ハ》金剛性《ナリ》。
何《ヲ》以《テノ》故《ニ》、
一切有情《ノ》調伏《ハ》則《チ》為《ナリ》菩提《ノ》
時《ニ》摧一切魔大菩薩欲《ルガ》重《テ》顕《セント》明此《ノ》義《ヲ》故《ニ》凞怡微咲《シテ》
以《テ》金剛薬叉《ノ》形《ヲ》持《シ》金剛牙《ヲ》恐怖《セシメ》一切如来《ヲ》已《テ》
説《キ玉フ》金剛忿怒大笑《ノ》心《ヲ》

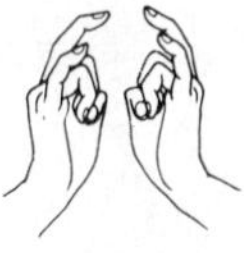

第十段です。「薄伽梵能調持智拳如来《ばくがぼんのうちょうじちけんにょらい》」とあります。能《よ》く調《ちょう》し智拳《ちけん》を持《じ》したまえる如来です。一切を調伏する悟りの境地をお説きになりました。これを復唱するのが摧一切魔《ざいいっさいま》大菩薩（一切の魔を摧《くだ》いてしまう菩薩）です。

調伏するとはどういうことかというと、いうことを聞かないものを力で仏道に引き入れることです。日常生活でどうしてもいうことを聞かないものがいたらどうするか。にここにこ笑いながら慈悲で相手を引っぱってくる方法もあるし、相手を叱りつけて引っぱってくる方法もあります。ですから第十段ではどうしてもいうことを聞かないものをどうするかということを説いています。どうしてもいうことを聞かないものを難化《なんげ》――化することのむずかしいものといいます。もうちょっと手強いのは強剛難化《ごうごうなんげ》といいます。強くて猛だけしく、箸《はし》にも棒にもかからないようなものです。そうなると叱りつけるということが必要になってきます。にこにこしていたのではだめなのです。

では怒るというのは本来どうあるべきなのでしょう。「薄伽梵能く調し（調伏し）智拳を持したまえる」とあります。ここでいう智拳は智拳印ではなく、知恵の拳印で、牙印《げいん》といって牙の印です。怒るというのは牙をむき出すことですから、小指と頭指を立てて牙をむき出す形を作って、相手を驚かせます。

能調持智拳如来は「一切を征服（調伏）するさまざまな知恵を説いた般若の教え」をお説きになりました。

四種の忿怒

一切の有情《うじょう》、生きとし生けるものは、平等と調伏《ちょうぶく》と、法性《ほっしょう》と、金剛性の四種の功徳《くどく》をもつという点で、忿怒《ふんぬ》はどう考えるべきかということを述べようとしています。

「一切の有情の平等の故に忿怒は平等なり」とは、生きとし生けるものは、不変の大菩提心に安住し、仏さまと本質的に平等である。忿怒といっても、こういう菩提心にもとづいたものであるから、もとよりだれかれに差別あるわけでなく、すべてに対して平等だということです。

「一切有情の調伏の故に忿怒は調伏なり」と。第九段にあったように一切衆生はみな価値の無限の功徳をもっています。煩悩や汚れは本来のものではなくみな余所からやってきたものだから、本来は清浄なのです。そういう余所からきているものをやっつけて本性の価値に目覚めさせていくことが調伏です。ですから怒りといっても、それぞれが本来もっている価値の再認識を目的とする怒りなのです。相手の欠点をキリキリしめ上げるような怒りではありません。相手のいいところをはっきり取り出すための怒りなのです。

「一切有情の法性の故に忿怒は法性なり」とあって、法性とは真理・真実なるものです。一切の生きとし生けるものは本質的には真理にほかならないのです。ですから怒りもこうした相対的でない、本質的な真理にもとづいた怒りなのです。

「一切有情の金剛性の故に忿怒は金剛性なり」と。一切の生きとし生けるものはダイヤモンドのようにこわれない永遠性をもっている、生まれたり死んだりするのは仮の姿で本来は永遠性をもっています。ですから忿怒というのも、永遠性から、つまり大きな視点から見た怒りなのであるということです。

まとめると「一切有情の調伏」――いうことを聞かないものをやっつけるということは

金剛夜叉像　大覚寺蔵（京都）

どういうことかというと、菩提のため、相手を悟りに向かわせるためなのです。自分の感情や自分が思うようにいかないからと叱りつけるのではなく、菩提にもとづいた怒りなのです。相手が正しい道にいかないことをかわいそうに思うところから発する怒りです。自分の感情からくるのではなく、相手がかわいそうだと思って起こす怒りです。

四種類の忿怒のうち、一番最初の怒りは金剛降三世《ごうさんぜ》明王《みょうおう》の悟りの境地です。降三世明王はヒンドゥー教の有名な神さま、他化自在天《たけじざいてん》を踏みつけています。二番目は軍荼利《ぐんだり》明王の悟りの境地で足の下に魔醯首羅《まけいしゅら》天を踏みつけています。三番目は馬頭忿怒観自在《ばとうふんぬかんじざい》の悟りの境地です。日本で六観音といわれる中で、馬頭観音だけが恐ろしい顔をしていて、他はみな優しい顔をしています。観音さまは本来優しい顔ばかりでなく、怒りの馬頭観音のような観音さまもおられます。足の下には梵天《ぼんてん》を踏みつけています。四番目は烏蒭渋摩《うすしま》明王の悟りの境地で、足の下に那羅延天《ならえんてん》を踏みつけています。踏みつけられているのはいずれもヒンドゥー教の有名な神さまです。

怒りというのも、すべて自分の私利・私欲、感情から出たものではなく、相手を正しい道に引き入れることを目的にした怒りです。なかなか相手の立場を思って怒るということはできません。我われはたいてい感情でおこってしまいます。相手のことだけを考えておこることもままありますが、それはむずかしいものです。この二つがミックスして――だいたい感情のほうが多いのですが――相手をおこります。本来は相手をかわいそうに思う怒りが本当の怒りです。それが相手を調伏することにもなります。

最後に能調持智拳如来が姿を変えた摧一切魔《ざいいっさいま》菩薩が「重ねてこの義を明らかにせんと思って微笑して「金剛薬叉の形を以て」とあります。薬叉は怖いものです。「金剛牙を持し一切如来を恐怖せしめ已《おわ》って金剛忿怒大笑の心（真言）を説きたもう」と。怒りと笑い（忿怒大笑）が並べてあるところがおもしろいのです。ふつうは怒りと笑いが一緒になることはありません。忿怒大笑の心、忿怒の境地をとことんまでおしつめていけば、結局、大きく笑うということになります。笑うというのはばかにして笑うわけではありません。そこにゆとりをもっているのです。せっぱつまって「頭にくる」といっておこるのではなく、笑いをその中に含んだ怒りです。笑いというのはゆとりですから、ゆとりをもって相手の立場を考える怒りとなります。

忿怒大笑の心真言はハッハ（haḥ 郝《かく》）です。みなさんが日常生活の中で「こんちきしょう」と思ったらハッハといってこの真言をとなえてごらんなさい。頭にきたときにはこれを思い浮かべて、相手のために怒るのかどうかゆとりをもって考えて下さい。笑いながら怒るというのはどういうことなのかを考えていたら怒るのをやめてしまいますから。頭にきてすぐにかっとなるときは、余裕をもって大笑忿怒しハッハといったら、だいぶゆとりが出てきます。本当の怒りとはいったい何かというのが第十段の説くところです。

大きなこだわりに育て上げる

このように以上の八つの段は、四人の如来の境地を八人の聴衆の菩薩が代表して表わしています。そしてこれによって小さな単位を大きな単位に広げていきましょうということです。小さな単位は自分にとらわれているということです。大きな単位とは仏さまの境地に自分を包みこんでいきましょうということです。ですから小さなものをつぶしてしまうのではなく、見かたを変えて小さなものを大きなものからもう一度見直してみようではないかということを理趣経は説いています。

人間的なものをもっと大きな見地から見直してみて、大きな仏さまの境地、自分を離れた境地の中で見直していこう、そういう境地をもう一度探し出していこうとします。こうすることで、自分にこだわりをもつこと、「おれが、おれが」という自己中心主義からだんだん脱却していくことになります。ですから理趣経の説かんとするところは、小さな自分に対するこだわりをもっと大きなこだわりに育てていこうというものです。大きなこだわりというのは他人のために一生懸命つくすことです。このことをいろいろな方面から説こうとしています。以上が第十段までの内容です。

第七章　理趣経の総まとめ

みんな集まれ

ここまでは、初段が金剛薩埵《さった》の悟りで総論にあたる問題、第二段は大日如来の悟りで総論に準じた問題を扱いました。第三段から第六段までの四つの段は金剛界の四仏の悟りの境地、続く第七段から第十段までの四段は四仏に関するもので、この八つの段は八大菩薩がそれぞれの教えを一字真言にまとめます。はじめは聴衆の代表であった八大菩薩が、それぞれの如来の教えをまとめて説くという形になっていました。

残りの七段には何が書いてあるのかというと、それまでに出てきた仏さまの役目はここまででだいたいすんでいるのですが、これをもう一度復習することになります。一つ一つをさらっていてもしかたがないので、ポイントだけを取り上げています。ポイントというのは何かというと、理趣経は四を基本にして四の倍数で構成されてきました。八大菩薩は四の二倍ですし、内容もすべて金剛界の四仏に関連しています。「十七の清浄句」は十六に一つの総論が加わって十七になっています。理趣経は「金剛頂《こんごうちょう》経《ぎょう》」の系統ですが、金剛頂経では何でも四でまとめて考えますので、理趣経もこのような構成になっています。
それでは第十一段は何が書いてあるのかというと、今まで四つに分けて説いてきたものを統合してマンダラにするとどうなるかということです。第一・二段が総論で、続く八段が八大菩薩による各論でしたが、これをひとまとめにしたものです。演劇ではフィナーレになるとそれまで出演した役者が全部舞台にあがってくることがありますが、第十一段はそのように「全員集まれ」といったところです。

建立如来とは普賢菩薩である

時薄伽梵一切平等建立如來
復説一切法三摩耶最勝出生般若理趣。
所謂一切平等性故般若波羅蜜多平等性。
一切義利性故般若波羅蜜多義利性。
一切法性故般若波羅蜜多法性。
一切事業性故般若波羅蜜多事業性。
應知。

時金剛手入一切如來菩薩三摩耶加持三摩地

説キ玉フ二一切不空三摩耶ノ心ヲ一。

「薄伽梵《ばくがぼん》の一切平等《いっさいびょうどう》を建立《こんりゅう》する如来《にょらい》」が教えを説きます。どういう仏さまかというと、この世に存在する自分も自然界も、ありとあらゆる一切のものが平等であり、同体であることを建立する如来です。建立というとむずかしく聞こえますが、サンスクリット語やチベット語でいうなら「平等に住する如来」といった程度の意味です。「一切のものが平等であるという境地に住している如来」という意味です。漢訳では建立如来となっています。弘法大師が「般若心経」に対して独自の考えを表明した「般若心経秘鍵《はんにゃしんぎょうひけん》」という書物がありますが、この中に建立如来が出てきます。「建立如来」とは何かというと、普賢《ふげん》菩薩のことなのです。「普賢」というのは普《あまね》く賢いということで、大乗仏教では非常に有名な仏さまです。白い象に乗っていて、胎蔵《たいぞう》マンダラの中にも出てきます。

胎蔵マンダラを見ますと、四仏がいてそのまわりに四人の菩薩がいます。普賢・文殊《もんじゅ》・観音・弥勒《みろく》の四菩薩ですが、これらの仏さまは大乗仏教では大変ポピュラーな仏さまで、みなさんもよくご存じだと思います。一方、金剛頂経《こんごうちょうぎょう》（金剛界のマンダラ）になってくると、これらの菩薩は消えてしまいます。そして金剛○○菩薩といったしかつめらしい名前になってきます。また、金剛頂経では普賢菩薩が一躍出世して、金剛薩埵《さった》と同じになります。金剛薩埵は大日如来と同じぐらい位の高い仏さまです。日本の仏教ではあまり人気がないようですが、金剛頂経の系統を引くチベット密教では非常に有名です。大日如来が消えて金剛薩埵が表に出てくることもあります。

理趣経でも第一段では、大日如来ではなく金剛薩埵が出てきています。金剛薩埵は大日如来の教えを受け継いだ仏さまで、その教えを人間世界に伝える役目をしていました。ところが金剛頂経では位が非常に高くなってきて大日如来と同体になったり、あるいは大日如来の上になったりすることもあります。このあたりが日本の密教と後期のインド密教やチベット密教とが違うところです。ネパールやチベット文化圏にいくと金剛薩埵がよくまつってあります。

この金剛薩埵が普賢菩薩と同体になります。胎蔵マンダラでは四すみの一つに大乗仏教の菩薩の一人として取り上げられていた普賢《ふげん》菩薩ですが、金剛頂経の後期になってくると金剛薩埵《さった》と同体であると考えられるようになってきます。普賢という名前は「どこにでもいて、賢い」という意味ですから、「どこにでもいる」という点は大日如来と同じです。この名前も後期密教で普賢菩薩が出世した要因になっていると思われます。理趣経においい

普賢延命菩薩像　金剛峯寺（旧金堂焼失）

てもこの傾向は多分にあります。

第一段の総論を説いたのが金剛薩埵で、第十一段の総まとめの章を説くのが普賢菩薩です。ですから、金剛薩埵は入学式のときの訓辞、普賢菩薩は卒業式のときの訓辞を与えるようなものです。最初と最後はやはりこのように位の高い仏さまが出てきて、後は八大菩薩にまかせるということです。普賢菩薩はもともと八大菩薩であったのですが、理趣経の八大菩薩の中には入っていません。そのかわり後になって位の高い仏さまとして出てきます。それが第十一段を説く「一切平等建立如来《いっさいびょうどうこんりゅうにょらい》」です。普賢菩薩が如来の形をとって総まとめをします。この如来が「一切の法の三摩耶《さんまや》の最勝《さいしょう》を出生《しゅっしょう》する般若理趣」をお説きになったのが第十一段の内容です。一切真理の悟りの最上のものを表わす般若の教えをお説きになったということです。

四部の大マンダラを説く

そのつぎが各論です。「一切の平等性《しょう》の故に般若波羅蜜多は平等性なり。一切の義利性の故に般若波羅蜜多は義利性なり。一切の法性の故に般若波羅蜜多は法性なり。一切の事業性の故に般若波羅蜜多は事業性なり」とあります。

今まではどちらかというと真理のほうに重点をおいて説いてきましたが、この段からは現実世界にいるもの（衆生）とのつながりが説かれます。上のほうからだけ説いているのではなく、現実に生きているものの立場からも一度眺めてみようということです。今までの段でも下から眺めたものが全然ないというわけではなく、現実世界に引きよせてお話してきましたが、もう一度現実世界と真理の世界の接点を探していこうというのがこの段です。

世《せ》（現実世界）と出世《しゅっせ》（真理の世界）、世《せ》出世《しゅっせ》世を通した問題、そういった一切の法についてこの段で説いています。真理の世界と世俗の世界を統合した境地とはいったい何か、その境地のマンダラはどのように描けるかということを示します。この各論は、今までと同じように一番目から順に金剛・宝・蓮花・羯磨《かつま》の四部に分かれます。

はじめの平等性は金剛部のマンダラを表わします。平等性とは不壊《ふえ》なる金剛の仏性のことで、こわれることのないダイヤモンドのような堅固な仏性を私たちがもっていることが平等性であると説いています。

人にいわれたらそっちのほうにかたむいたり、「ああそうかな」と思ったりするようなふらふらしたものではなく、いつも不変の仏性をもっているということです。これが平等性なのです。平等というのは、堅固な菩提心を私たちがもっているから、仏さまと自分はいつも平等である、つまり自分だと思っているものがそのまま仏さまであったということです。

二番目は義利性ですが、今まで何度も出てきたように、義利は「利益《りやく》」を表わします。不空訳の「般若理趣釈《はんにゃりしゅしゃく》」をみますと、我われは虚空（果てしのない大空）のように恒河沙《ごうがしゃ》（ガンジス川の砂）ほどのたくさんの功徳《くどく》を生まれつきもっているから、自分がつまらないものだと考えてはいけないということです。自分がつまらない人間で、箸《はし》にも棒にもかからないと思うのは、自分のよいところに気づいていないからです。ですから、目を覚ましてよいところに気づき、他人のよいところにも気づくというのが義利性です。おのおののもっている無限の価値に気づくということです。義利性は宝部にあたりますが、宝を見つけ出すということは、本当はこういうことなのです。以上まとめると現実世界の一切の存在物は平等性、義利性であるから般若波羅蜜多（悟りの境地・仏さまの世界）も平等性であり、義利性であるということになります。

三番目は現象世界の一切のものが法性であるということですが、法性とは真理そのものです。蓮の花が泥の中にあっても浄らかな花を咲かせるということが、蓮花部の表わすところです。ですから、私たちはいろいろな煩悩に追われたり、つまらないことを考えたり、しようがないことをやってみたりするけれど、本来は浄らかであり仏性をもっているのです。それはなぜかというと、すべてのものが法性であるから悟りもまた法性であるためです。これが蓮花部の悟りの境地です。

最後は羯磨《かつま》部です。「一切の事業性の故に般若波羅蜜多は事業性なり」とありますが、事業性とは働き、活動を表わします。注釈書をみますと「速《すみ》やかに身口意《しんくい》（体と言葉と心）の本質を獲得して十方（世界）の一切仏の集まったところで供養することが事業性である」となっています。

もともと、現実世界の私たちは、どんなになまくらな人であろうと、意地の悪い人であろうと、みな現実世界で体をつかって動きながら、他の人たちに供養をしています。そのことが仏さまの境地、働きであるということです。隣の人にいろいろしてあげるのは、自分のためや隣の人のためだと思っているけれど、本当は仏さまの働きなのです。もともと仏さまの働きの中で自分がそういうことをやっているのです。これが事業性ということです。

ここは総まとめですから、一番目の平等性（金剛部の境地）は第三と第七段の境地をまとめたものになります。同じように義利性（宝部）は第四と第八段、法性（蓮花部）は第五と第九段、事業性（羯磨部《かつま》）は第六と第十段の教えをそれぞれまとめています。

加持《かじ》とは

最後に「時に金剛手は一切如来と菩薩との三摩耶《さんまや》の加持の三摩地に入って」とありますが、あらゆる如来と菩薩の集まったマンダラに、如来の加持を得た悟りの境地に入ることをいいます。

加持というと私たちは、病気になったときに「お加持してもらう」こと、病気を治してもらうおまじないの一種だと考えます。また加持祈禱《きとう》などといいますが、本来はそういうことではないのです。もともとは力を加える、プラスして何かを加えていくということです。

しかし弘法大師は「即身成仏義《そくしんじょうぶつぎ》」という書物の中で「仏日《ぶつにち》の影、衆生の心水《しんすい》に現ずるを加《か》といい（お日さまの影が生きとし生ける衆生の心の中に現われてくることを加といい）、行者《ぎょうじゃ》の心水能《よ》く仏日を感じるを持《じ》という（私たちの心の働きがよく仏さまの日を感じることを持という）」と説かれています。

「お加持を受ける」というのは向こうにまかせっ放しでやってもらう、力が加わってくるということです。ところが弘法大師はそれではいけないとおっしゃった。仏さまが影を私たちの心に映すことが加であり、それに対して私たちの心が仏さまの影を映して感じとることが持ということなのです。ですから加持というのはこの二つの力が一つになってはじめて成り立つのであって、まかせっ放しではだめなのです。向こうから伝わってくる力を感じて受け取ってはじめて感応《かんのう》が成り立つのです。お金だけ払ってやらせておいたらいいということではないのです。人間のつきあいでもそうです。「相手は自分のいうことを聞くのがあたり前だからやらしておけ」というのではやはりいけないのです。持がありません。

このごろの世の中は「お金だけ払っておけばよい」という風潮があるのかもしれません。こちらと相手の感応のようなものがあって一つの仕事が完成するのであって、金さえ払えば何をしてもかまわないということではないのです。

加持というのはサンスクリット語のアディスターナ（adhiṣṭhāna）の訳語ですから、もともと加と持に分けることはできません。したがって、それを加と持に分けてこの二つがぴたっと合わなくてはいけないと解釈したのは、まったく弘法大師のオリジナルな解釈です。加持という言葉のもとの意味は向こうから力が加わってくるということで、弘法大師の解釈とは違います。もともとのアディスターナという言葉は、たとえばバッターが球を打ったときに風の力が加わってホームランになるような、何かプラスアルファの力が加わるということだと思います。弘法大師はそれをプラスアルファの力というだけにとどまらず、向こうとこちらの相互の関係であると解釈したわけです。最後に「一切不空三摩耶《さんまや》の心を説きたもう」としめくくります。一切のものが「空しからず」——完全に完成するという悟りの心真言をお説きになりました。これがフーン(hūṃ 吽)です。

教令輪品といわれるわけ

第十一段は「降三世教令輪品《ごうさんぜきょうりょうりんぼん》」という題がついています。降三世は降三世明王のことです。仏さまが菩薩や如来といったそのままの姿(自性の姿)で出てくることを自性輪《じしょうりん》身《じん》といいます。これに対して教令輪身《きょうりょうりんじん》というのはそのままの姿でこの世に現われるのではなく、如来の命令によってこの世に姿を現わしたものです。不動明王や降三世明王などがそうです。不動明王は恐ろしい姿をしていますが、何も好きこのんであいう姿をしているのではありません。どうしてもいうことを聞かないものに対しては叱りつけるようなかっこうが必要であるから、そのために如来の命令によってそういう姿をとっているのです。ですから不動明王も降三世明王も恐ろしい顔をしている。これが教令輪身です。

ところで第十一段には降三世明王のことなど何も書いてないのに、なぜ「降三世教令輪品」という題がついているのでしょう。理趣経の注釈書の中にこの理由が説明されています。「瑜伽者《ゆがしゃ》が四種《ししゅ》のマンダラを成就せんが為、外金剛部《げこんごうぶ》に詔勅《しょうちょく》を下して一切世間の悉《しっ》地《じ》を成就するが故にまさにマンダラを建立すべし」とあります。四種のマンダラを教え示すために教令輪身である降三世明王に命令を下して教えを説かせたということです。降三世明王に命令を下して教えを説かせたのでこの段には「降三世教令輪品」という題がつけられていると説明されています。かなりこじつけのような感じがしますが、このように昔から理解されてきました。降三世明王が出てくるいわれはあまりないので、ここでは普賢菩薩が出てきて総まとめをしたと考えて下さい。

生けるものはみな仏

時ニ薄伽梵如來ハ
復説キ玉フ二一切有情ヲ加持スル般若理趣ヲ一。
所レ謂
一切ノ有情ハ如來藏ナリ以テノ二普賢菩薩ノ一切ノ我ナルヲ一故ニ。
一切ノ有情ハ金剛藏ナリ以テノ二金剛藏ノ灌頂ヲ一故ニ。
一切ノ有情ハ妙法藏ナリ能ク轉ズルガ二一切ノ語言ヲ一故ニ。
一切ノ有情ハ羯磨藏ナリ能ク作ス二所作ヲ一性ト相應スルガ故ニ。
時ニ外金剛部欲ルガ三重テ顯二明セント此ノ義ヲ一故ニ作シテ二歡喜ノ聲ヲ一

説キ玉フ二金剛自在ノ自眞實ノ心一ヲ。

第十二段です。「時に薄伽《ばくが》梵如来《ぼんにょらい》は復《ま》た一切有《いっさいう》情《じょう》を加持《かじ》する般若理《はんにゃり》趣《しゅ》を説きたもう」とあります。薄伽梵如来は大毘《だいび》盧《る》遮那《しゃな》如来・大日如来のことです。有情は衆生《しゅじょう》と同じことですが、「天地有情」というときの有情とはちょっとニュアンスが違います。有情とは「情けあるもの」です。ここでいう情けは情緒のことではなくて、感情をもっているものという意味です。もともとは存在するもの、生きているものということです。

仏教では生きとし生けるものを衆生、有情といいますが、これに対して非情という言葉があります。日本語では情けのない人やけしからん人を「あいつは非情なやつだ」というい方をしますが、仏教では非情というと、石や金属など生きていないものを表わします。生きているものが有情です。ところが日本語になると、情というのは情緒と同じになってしまいます。漢語ではもともと「生きているもの」という意味なのです。

ですから、ここは「大日如来が一切の生きとし生けるものに加持をなす般若の教えをお説きになった」ということです。加持するというのはどういうことかというと、生きとし生けるもの・有情が「自分はだめなやつだ、ぼんくらでロクなことをしないとみな思っている」と悩んでいると、これに仏さまが力を加えて「本当の自分の姿はこうである」ということに気づかせてくれることです。放っておけば「自分はくだらないやつだ、凡人だ」と思いこんでしまって、悟りにはちっとも縁のないくだらない人間だと考えます。ところが少し仏さまのほうから力を加えることで「ああそうだ、自分は仏だったのだから仏らしく動かなくてはいけない」とはっと気がつきます。生きとし生けるものが仏であるといわれますが、第十二段ではそれはどういうことなのかを説いているのです。

第十段までは真理そのものの姿、自と他との対立を超えた仏の世界について、真理のほうからの説明です。第十一段は現実世界と真理の世界の接点でした。第十二段は私たち生きているものが仏さまであるというのは、いったいどういう理由なのかを明らかにしています。仏さまが力を貸して下さったら、私たちはいったい何に気づけばよいのかということを四つの方面から説いています。

一切有情は如来蔵である

最初に「一切の有情《うじよう》は如来蔵《にょらいぞう》なり、普賢《ふげん》菩薩の一切の我なるを以ての故に」とあります。如来蔵というのは密教だけでなく大乗仏教の中に出てくる言葉で、仏性と同じ意味です。私たちは如来を包みこんだ蔵《くら》だということです。

大乗仏教では「一切衆生悉有仏性《いっさいしゅじょうしつうぶっしょう》」という言葉があるように、生きとし生けるものはすべて仏性をもっていると考えます。大乗仏教が興る以前は、能力が劣っていて、どうしても仏さまになれない人がいることを認める学派もあったのですが、大乗仏教になってくると仏性をもたないものはないというふうに変わってきます。すべてのものがみな仏性をもっていると考えるのが大乗仏教の大きな特色です。

ところが、すべてのものが仏性をもっているという真理に到達するまでにいろいろ紆余《うよ》曲折《きょくせつ》があるのです。仏性をもっていない人を認める学派がどうしても出てきます。仏性をもたないものをイッチャーンティカ（icchāntika）といい、漢文で音写すると一闡提《いっせんだい》となります。どうしても仏さまになれないものがほんの一握りだけれども存在するという考え方が小乗仏教の中にあります。日本に入ってくるともともとの意味が抜けてしまって、闡提というのは悪人ということになります。小乗仏教では一闡提を認める学派もあったのですが、大乗仏教ではこれを認めません。すべてのものは如来蔵であって仏性をもっていると考えます。

如来蔵というのは仏さまの蔵に自分が包まれているという関係です。自分が仏さまの中に蔵されている、自分が仏さまの大宇宙の中にしまわれている如来蔵であるという考えかたですが、これだけではありません。一方で自分の中に仏さまを包みこんでいるという、両方の関係があります。大自然の中に自分が包まれていると同時に、大自然を自分の中にもっているのです。これが如来蔵、仏性ということです。自分に仏性があるから、一切有情が仏さまになれるのです。ただ気づかないだけのことです。これが普賢菩薩の一切の我です。

普賢菩薩はすべてのものを包みこむ仏さまです。普賢菩薩の我というのは私たちの「おれが、おれが」というような我ではなくて、仏さまの我です。普賢菩薩という最高の仏さまの我というのは、私たちの考えているような「あいつを追い抜いてやろう」とか「おれだけが偉いのだ」というような我ではありません。「金もうけがしたい」とか「名誉が欲しい」という我ではなくて、「一切の衆生を救いとろう」という我です。普賢菩薩の我というのは普賢菩薩の普遍的な、どこにでも存在する我ということです。

如来蔵を三つに分ける

如来蔵《にょらいぞう》を三つに分けると、つぎに出てくる「金剛《こんごう》蔵・妙《みょう》法《ほう》蔵・羯磨《かつま》蔵」となります。「一切の有情は金剛蔵なり、金剛蔵の灌頂《かんじょう》を以ての故なり」とあります。金剛蔵とは金剛の宝の蔵のことで、金剛宝蔵です。

この金剛宝蔵の灌頂を受けてとありますが、灌頂というのは弟子に法を伝えるときの儀式で「灌頂を受ける」というのは結局、価値に目覚めるということになります。ですから価値に目覚めるきっかけがここまで与えられたわけです。それまであまり気にもとめなかったものが、一夜あけると、「何とこんなにすばらしいものだったのか」と気づくのは、金剛宝蔵の灌頂を受けたということです。いろいろな人とつきあっていつも「こんちきしょう」と思うのに、あるときはっと「何と偉い人であったのか」と気づくのは、自分が金剛宝蔵の灌頂を受けたということなのです。価値に目覚めたということです。しかたのないやつだと思っていたものが、いっきに大変な人だということに気がつくのは灌頂を受けたということになります。一切の生きとし生けるものはみな宝の蔵を自分自身の中にもっているのです。

つぎに「一切の有情は妙法蔵なり、能《よ》く一切の語言を転ずるが故に」とあります。妙法蔵とは説法の蔵です。価値の蔵をもっていて、それを言葉で表現するのです。一切の有情が妙法蔵であるのは、有情がもともと真実なる言葉で語っているということです。

つぎに「一切の有情は羯磨《かつま》蔵なり、能く所作《しょさ》を作《な》す性と相応するが故に」とあります。有情が仏の活動の表われとして、現実世界において活動を行っているということです。このために一切の有情は仏さまにほかならないのです。

金剛蔵は価値を認識することで心の作用です。妙法蔵は言葉の作用で、羯磨蔵は体の働きの作用です。このように心と言葉と体の三つの作用によって私たちは如来の性格をもっているということになります。体も心も言葉もみな仏さまと同じものをもっているのです。

ですから私たちの中に如来が包まれているし、私たちは如来に包まれているのです。

アウトサイダーも仏さま

「時に外《げ》金剛《こんごう》部《ぶ》重ねてこの義を顕明《けんみよう》せんと欲するが故に歓喜の声を作《な》して金剛自在の自《みずから》の真実の心を説きたもう」としめくくります。外金剛部とは大自在天をはじめとする、マンダラの一番外側の部分であると注釈書にあります。マンダラの一番外側というのはやはりアウトサイダーです。マンダラの窓際族のようなもので、身分が卑しいヒンドゥー教の通俗信仰の神さまばかり、餓鬼とか畜生などがたくさん集まっています。これがおもしろいのです。

一番外側にいる位の低い神さまである大自在天たちが、「おまえも仏さまだ」といわれてびっくり仰天するのです。もうちょっと偉い菩薩がいわれるなら納得するのですが、マンダラの一番外側の箸《はし》にも棒にもかからない、ならずものたちがこういわれたのですから一番感激するのです。ですから「歓喜の声を作して」と書いてあります。自分たちはそんなにたいしたものではないと思っているのに、「おまえたちが仏さまなのだ」といわれてびっくりします。菩薩たちも一緒にいてこれを聞いて驚くのですが、あまり驚きを表面には出しません。大自在天たちは「やった」と思ったのでしょう。自分は関係ないと思っていたのに「自分も仲間に入れておいてくれたのか」と大自在天をはじめとするものたちが

マンダラの周辺部　ティクセ寺壁画（ラダック地方）

歓喜の声をあげて、変わることのない金剛の自在の自己の真実を示す心真言をとなえました。

このあたりが理趣経のおもしろいところです。総論があって各論、総まとめがあって終わればよろしいのに、ここに外金剛部が出てきて「やった、やった」と踊り狂うのです。そういう外金剛部のものを出してきて「みんなが仏さまなのですよ」と念押しするという構成になっています。

全部が如来蔵をもっているということが大乗仏教のいいたいことですから、大事なことなのです。どんなに地位の低いものでも自分の心と体と言葉とが仏さまのものと変わりがないということです。

ここではトリ（tri 怛囉）という心真言が出てきます。注釈書では、この心真言・トリという字を ta と ra が集まってできたとします。ta というのは真理を表わすタター（tathā）という言葉で、ra というのは塵を表わすラジャス（rajas）という言葉のいずれも頭文字です。真理は真実世界を表わし、塵は現実世界を表わします。トリというのは真実世界と世俗の世界が一つに合わさったことを表わしている真言です。

七母女天の教え

爾《ノ》時《ニ》七母女天《ハ》
頂二禮《シテ》佛足《ヲ》一
獻《ズ》二鈎召《シ》攝入《シ》、能《ク》殺《シ》能《ク》成《ズル》三摩耶《ノ》眞實《ノ》心《ヲ》一。

第十三段です。今までの段は八人の如来が説いた教えをそれぞれ四つに分けて説明し、

如来が姿を変えた八人の菩薩がその教えをまとめた一字の真言を説くという構成になっていましたが、この段からは短くなります。というのはここは第十二段の続きなのです。外金剛部の八百《やお》万《よろず》の神さまたちが出てきます。舞台でいうなら、今までの段は主役と脇役が出て舞台を進めてきたのですが、最後になって総まとめをした後、端役の連中がどんどん出てきて「おれも主役であった」という構成になっています。

まず第十二段では大自在天をはじめとするマンダラの一番外側の名もない、ふだんは肩をせばめて生きているような神さまが「おまえも仏さまだ」ということで、びっくりして跳び上がってよろこびました。男性の神さまを出して、つぎに女性の神さまを出さないとつり合いがとれないのです。その点では実に男女平等なのですが、女性の神さまにも手をうって歓喜の声をあげさせなくてはいけません。そこで出てくるのが第十三段の七母《しちも》女天《にょてん》です。

七母女天は七人の代表的な女神です。どういう仏さまかというと、大日経の注釈書で「大日経義《だいにちきょうぎ》釈《しゃく》」という本の中につぎのように説明されています。「炎魔《えんま》天母《てんも》・童子《どうじ》天母・毘《び》紐《しぬ》天母・倶《く》吠羅《べいら》天母・帝釈《たいしゃく》天母・暴悪《ぼうあく》天母・梵《ぼん》天母」の七人です。天母には母という字を使っていますが、

七母天のうち六体　マドラス博物館蔵

これはおかあさんというのではなく女性を表わします。女性の天ということです。梵天や帝釈天というインドの有名な神さまの后《きさき》なのです。

ここで七人の代表者があがっていますが、これらはみなバラモン教やヒンドゥー教の有名な神さまの后ですから、仏教に入ってくるとマンダラの外側に位置しています。「爾《こ》の時に七母女天は仏足を頂礼《ちょうらい》して鉤召《こうちょう》し摂入《しょうにゅう》し能《よ》く殺し能く成ずる三摩耶《さんまや》の真実の心を献《ごん》ず」とあります。マンダラの周辺をうろうろしている位の低い女神たちが「お前も仏さまなのだ」と聞いてよろこんで、仏さまの足を頂礼して三摩耶の真実の心真言をとなえましたということです。鉤召《こうちょう》、摂入《しょうにゅう》、能殺《のうさつ》、能成《のうじょう》というのは注釈書を見ると、仏教の道に入らないものを鉤《かぎ》でひっかけて中に連れてきて（鉤召）、仏教徒にして（摂入）、煩悩《ぼんのう》を殺し（能殺）、それらを立派な人格に育て上げる（能成）ということです。

よく考えてみると、これらの女神たちはかなり悪逆なものたちです。民間信仰でいえば、これらの女神たちが毎夜角かどに立って人間を自分のねぐらに引き入れて、つまり鈎召し、摂入し、殺して肝や肉を食べ能殺し、腹をふとらせ、能成しているのです。悪魔の働きです。そういう働きをそのままもってきて、仏教に入ったからには鈎で引き入れて立派な人格に育て上げるのだという形にいたします。

ここが密教のおもしろいところです。日常のやりかたをそのままもってきて意味をひっくりかえしてしまうのです。生き肝を抜いて食べるようなインドの女神たちの悪魔の仕事をそのままもってきて、仏教に転化したなら、自分たちが昔やっていたやりかたで迷えるものを仏教に引き入れて、完全な人格に育て上げる主役にしていく。このへんが密教のよさです。「そんなことはだめだからやめてしまえ」といわずに、「おまえがいつもやっている仕事をその通りにもう一度やってみなさい」というのです。民間信仰との非常に深い結びつきをそのまま残しているのです。これが七母女天で、最後にビョー（bhyo 毘欲）という真言をとなえます。

ビョーという真言はブハー（bha）とヤー（ya）とウー（ū）とア（a）を合成して作ったものと考えます。そしてこの四字は、鈎召、摂入、能殺、能成を表わす意味をもつのだと、説明しております。

三兄弟の教え

爾ノ時ニ末度迦羅天三兄弟等ガ
親ク禮シテ二佛足ヲ一
獻ズ二自心眞言ヲ一。

第十四段です。今度は三人のドラ息子を出してきます。「爾《こ》の時に末度迦羅天《まどからてん》三兄弟等《ら》が親《したし》く仏足を礼《らい》して自《みずから》の心真言を献《ごん》ず」とあります。

マドカラ天の三兄弟とは何かというと、梵天《ぼんてん》つまりブラフマン（Brahman）、大自在《だいじざい》天つまりシヴァ（Śiva）、那羅延《ならえん》天つまりヴィシュヌ（Viṣṇu）の三人の神のことです。

この三人が兄弟であったということはどこにも書いてないのですが、理趣経では三兄弟といっています。なぜかというと、このブラフマン、シヴァ、ヴィシュヌの三神はヒンドゥー教では最高の神さまなのです。

ブラフマンは天地創造の神で、インドの神話では大海をこねて天地を攪拌《かくはん》して世界を作ったと語られます。ヴィシュヌはブラフマンの創造した世界を維持する神で、シヴァはこれを破壊する神です。シヴァは破壊の神ですから恐ろしい神です。そしてシヴァの破壊した世界を再びブラフマンが創造するというようなサークルがインドでは考えられていました。ですから、この三神はインドでは非常に有名な神さまでセットになっています。このような有名な神さまを兄弟にしてしまいます。ということは、こういう有名な神さまも仏教に入ってきたということです。

ヒンドゥー教で最高の神とされている三神が仏教の信者になって、自己の真言、スワー(svā 娑嚩)をとなえました。注釈書ではこれが仏・法・僧の三つにあたるとか、貪《とん》・瞋《じん》・痴《ち》の三毒にあたるとか、いろいろ書いてあります。けれども、結局はインド人の信仰している有名な神さまがみなひざまずいて理趣経の教えを聞いたということなのです。これらもやはり仏教に入ってくると一番外側の神さまになります。ここで男の神さまを出したから、義理堅くつぎは女の神さまを出してきます。

四姉妹の教え

爾ノ時ニ四姉妹女天ガ　獻ズ二自ノ心眞言ヲ一。

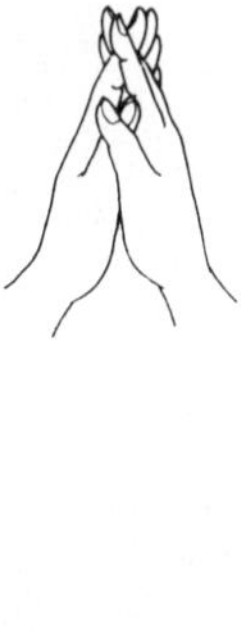

第十五段は四姉妹の法門です。「爾《こ》の時に四姉妹女天が自《みずから》の心真言を献《ごん》ず」とあります。この四姉妹は大自在天の眷属《けんぞく》で、惹耶・ジャヤー（Jayā）、微惹耶・ヴィジャヤー（Vijayā）、阿爾多・アジター（Ajitā）、阿波羅爾多・アパラージター（Aparājitā）の四人です。

この四人は胎蔵マンダラの文殊院にずらっと並んでいますから、四人一組で考えられていた女の神さまです。胎蔵マンダラでは文殊菩薩の眷属として現われてきます。この女神たちのサンスクリット語の名前はみな「やっつけた」とか「勝利」という意味を表わしている言葉です。ジャヤーは勝利ですし、ヴィジャヤーはその強調形で大いに勝ったということで、アパラージターはこれ以上はないほどに勝ったという意味です。これらもインド人が古くから信じていた女神です。

これらの女神たちが出てきて、ハン（haṃ 唅）という真言を献じました。このように周辺部の仏さまたちが出てきて「私たちも仏さまだったのですか」と参加してきます。端役まで最後にすべて出してきます。

自と他との無限の重なりあい

時ニ薄伽梵無量無邊究竟如來ハ
爲ノレ欲フガ下加二持シテ此ノ教ヲ一令ント中究竟シ圓滿セ上故ニ
復說キ玉フ二平等金剛ヲ出生スル般若理趣ヲ一。
所レ謂
般若波羅蜜多ハ無量ノ故ニ　一切如來ハ無量ナリ。
般若波羅蜜多ハ無邊ノ故ニ　一切如來ハ無邊ナリ。
一切ノ法ハ一性ノ故ニ　般若波羅蜜多ハ一性ナリ。
一切ノ法ハ究竟ノ故ニ　般若波羅蜜多ハ究竟ナリ。
金剛手ヨ若シ有ラハ下聞テ二此ノ理趣ヲ一受持シ讀誦シ思中惟スルコト其ノ義ヲ上
彼レハ於テ二佛菩薩ノ行ニ一皆得ン二究竟スルコトヲ一。

第十六段です。もうだんだんフィナーレに近づいていますが、実によく考えられた構成です。今までのものがずっと出てきて、その総括をして、端役までをもすべて舞台にあげて、最後の場面になります。

　ここではみなが総出演してお互いが光線を出しあって、お互いがお互いを映し映され、無限に広がるマンダラを描き出します。つまり現実世界では「おれが」「おまえが」と、それぞれを別の世界のものとしてとらえていますが、本当の姿はそうではなくて、自分の中に他人が入っているし、自分も他人の中に入りこんでいるという重重無《じゅうじゅうむ》尽《じん》の関係にあるということです。これを示そうとしたのが第十六段です。

　自分は一人で生きているのではない、自分が生きるということは世の中のすべてのものの助けを受けていると同時に、自分もそのものたちに何かしてあげなくてはいけない、という無限のつながりの関係を最後に説くのです。仏教ではこれを帝網《たいもう》といいます。帝網とは帝釈天宮の網のことです。

　インドの神話の中に出てくる帝釈天という立派な神さまの宮殿の縦横にはりめぐらされ

た網は、無数の珠玉によって固定されています。その一つの玉はあらゆる玉を映しとり、それぞれの玉はお互いに他の姿を映しとっています。この関係を帝網――帝釈天宮の網といいます。世の中というのは帝網であって、けっして自分一人で生きているわけではありません。自分と現実世界に存在する一切のものとの相互関係を、第十六段は説いています。だんだん大づめに近づいておもしろくなってきます。これは言葉で説明するより、そういう場面を想像していただいたほうがよいかもしれません。舞台があって絢爛《けんらん》豪華《ごうか》な光と色が無限に入り混じったような世界が、わっと目の前に出てくる感じです。

今までは一人の仏さまと一人の聞き手が出てそれぞれに話が進んできました。大づめになってくると総出演で、カクテル光線で照らしたり照らされたりという舞台になってきます。

万象すべてが真理

はじめに「時に薄伽梵《ばくがぼん》無量《むりょう》 無辺《むへん》究竟《くきょう》 如来《にょらい》は」とあります。この段の教えを説くのは、無量であり、無辺であり、究極である如来です。「この教えを加持《かじ》して究竟《くきょう》し円満せしめんと欲《おも》うが為の故に、復《ま》た平等金剛を出生《しゅっしょう》する般若理趣を説きたもう」とあります。今までずっと述べてきた般若理趣の教えを究極し円満するために、無量無辺究竟如来が現実世界の一切の事物の中に真理がかくされていて、すべてが平等であり金剛のようにこわれることがないという真理を四つに分けてお説きになりました。

薄伽梵無量無辺究竟如来というのは、毘盧遮那如来つまり大日如来の異名であると、「般若理趣釈」には説明していますが、後世の注釈書では、「薄伽梵」を毘盧遮那、「無量」を金剛部、「無辺」を宝部、「究竟」を蓮花部と羯磨《かつま》部に配当し、この如来を五部を兼ねた如来だと述べております。

四面梵天像　トリヴァンドラム博物館蔵（インド）

「般若理趣釈」には、これまでの段にそれぞれ品《ほん》名をあげていましたが、この段だけ名がつけられていません。ただ弘法大師の「真実経文句」の中で、この段は「四波羅蜜部中《しはらみつぶちゆう》大曼荼羅章《だいまんだらしよう》」と名づけられています。それは金剛、宝、蓮花、羯磨の四部四波羅蜜の中に、その上に仏部を加えた五部が互いに含まれ、関係しあっている広大なマンダラを説く章という意味とみなされています。

要するに現実世界に存在するもの、有情、非情にかかわらず、つまり生きているもの、生命のないものを問わず、あらゆるものが五部の如来と、その知恵である五智をことごとくそなえもっているという関係を、マンダラとして描き出したものが、この段の教えなのです。さきの四段では、外教の神々さえも本性として仏であることを説いておりました。この段では、生類だけではなく、無生物までもことごとく、五仏、五智をそなえているという点にまで、密教の真理観は広がっていくのです。

四部がそれぞれ五部の真理をそなえている

「般若波羅蜜多は無量の故に一切如来は無量なり。般若波羅蜜多は無辺の故に一切如来は無辺なり。一切の法は一性《いつしよう》の故に般若波羅蜜多は一性なり。一切の法は究竟《くきよう》の故に般若波羅蜜多は究竟なり」とあります。

本論では四部それぞれが五部の真理を具して絶対であることを、無量、無辺、一性、究竟の四種の性格に分けて説いております。般若波羅蜜の知恵によって開かれた金剛部の世界は五部を具して無量であるから、現実に存在している一切の如来も無量であります。般若波羅蜜の知恵による宝部の世界がそれぞれ五部を具し無辺であるから、現実世界の一切如来も無辺であります。また蓮花部の一切法はそれぞれ五部を具し、一性つまり絶対の同一性であるから、般若波羅蜜の知恵も絶対の同一性なのです。さらに羯磨《かつま》部の一切の法は、それぞれ五部を具し、究竟であるから、般若波羅蜜の知恵も究竟だというのです。このところでおもしろいのはこの四つの各論の前半では「般若波羅蜜」が先に出てきて、後半では後に出てくるところです。

　私たちが今生きている現実の世界と仏さまの悟りの世界とが裏を返しても表にもどしても同じであるということを、「般若波羅蜜」を前半・後半で前後に入れかえることで表現したと注釈書に書いてあります。

菩薩行の完成

「金剛手よ、もしこの理趣を聞きて受持し読誦《どくじゅ》し其《そ》の義《ぎ》を思惟《しい》すること有らば彼れは仏菩薩の行に於て皆究竟することを得ん」としめくくられます。ここの部分も玄奘《げんじょう》訳の古い理趣経（「般若理趣分」）では、「悟りを得る」などの言葉が使われています。ところがこの不空訳の「般若理趣経」では、肝心なところになると「悟りを得る」ということも捨てておいて、とにかく「究竟に到達するのだ」と説きます。究極に到達すれば、悟りを得ることは二のつぎ、三のつぎになってしまいます。究極が最終目的で、その中には人びとを救うということまですべて含めているのです。

ですから密教の悟りというのは自分だけ悟ってしまうのではなくて、もう一度世の中にお返しすることです。還元していって、その利益を自分が受けるということが究極ということなのです。自分一人だけの幸せというものはありえないのです。自分の幸せが他人に移り、他人の幸せを自分が受け取らせてもらえる関係になることが究極なのです。自分が全体となり、全体が自分であるということです。これが平等であり、般若の教えということになります。

理趣経というのはこういう形で同じことをくり返しているかと思うと、少し展開させてもとにもどる、違った世界を出してくるというくり返しがずっと続いてきますが、いわんとすることは「平等」ということなのです。仏さまと自分が平等である、自分だと思っているものが見かたを変えれば仏さまであるし、他人だと思っているものが自分であり、また仏であるという関係です。こうした最高の境地を目ざす教えなのです。自分が部分ではなく、一《いつ》なるもの（絶対のもの）であるという考えかたです。言葉ではわかりにくいかもしれませんが、理趣経はそういう自他平等の世界を説こうとしているのです。

五秘密の悟りを示す

時ニ薄伽梵毘盧遮那ノ得テ二一切ノ祕密ノ法性ヲ一無戲論ナル如來ハ
復説キ玉フ下最勝ニシテ無キ二初中後一大樂金剛不空三摩耶ノ
金剛法性ノ般若理趣ヲ上。
所レ謂
菩薩摩訶薩、大慾ノ最勝ノ成就ノ故ニ
得ルガ二大樂ノ最勝ノ成就ヲ一。
菩薩摩訶薩、得ルガ二大樂ノ最勝ノ成就ヲ一故ニ
則チ得二一切如來ノ大菩提ノ最勝ノ成就ヲ一。
菩薩摩訶薩、得ルガ二一切如來ノ大菩提ノ最勝ノ成就ヲ一故ニ
則チ得下一切如來ノ摧ク二大力ノ魔ヲ一最勝ノ成就ヲ上
菩薩摩訶薩、得ルガ下一切如來ノ摧ク二大力ノ魔ヲ一最勝ノ成就ヲ上故ニ
則チ得二遍三界ノ自在ノ主タル成就ヲ一。
菩薩摩訶薩、得ルガ二遍三界ノ自在ノ主タル成就ヲ一故ニ
則チ得下淨二除スルタメニ無餘界ノ一切有情ヲ一住二著シ流轉一ニ

以テ二大精進ヲ一常ニ處シテ二生死ニ一救二攝シ一切ヲ一
利益シ安樂ナラシムル最勝ノ究竟ヲ皆悉ク成就スルコトヲ上。

第十七段です。この段は弘法大師の「理趣経開題」の中では「五種秘密三摩地章《ごしゆひみつさんまじしよう》」となっています。五種の秘密がここで説かれるということです。理趣経は全体で十七段からなっていますから、いよいよ最後の段です。

理趣経は毘盧遮那《びるしやな》如来が中心になって説きますが、要するに金剛薩埵《さつた》の悟りの境地の開示ということが目的です。そのため初段は金剛薩埵の悟りの内容を「十七の清浄句」によって説明しました。この最後の段では五秘密を中心として金剛薩埵の悟りをまとめて説くという構成になっています。この五種秘密三摩地章つまり第十七段も、初段と同様に理趣経の全体像を説いています。初めとしめくくりを金剛薩埵の悟りの内容でまとめたわけです。

五秘密とは何かというと、「欲金剛明《よくこんごうみようひ》妃菩薩《ぼさつ》・金剛触《こんごうそく》明妃菩薩・金剛薩埵《こんごうさつた》菩薩・愛金剛《あいこんごう》明妃菩薩・金剛慢《こんごうまん》明妃菩薩」という五人の菩薩の悟りの境地を表わします。金剛薩埵を中心として、「欲・触・愛・慢」の四菩薩が配置されています。金剛薩埵と、それを分けたこの四菩薩の悟りが理趣経の終着点であり、総まとめなのです。

この第十七段の五秘密をマンダラに表わすと、鈴と金剛杵《しよ》を左右の手にもつ金剛薩埵を中心に四菩薩がその四周辺に配されます。理趣経は理屈で理解するのではなく、マンダラそのものを観想して自分と一つになるのが最終目標です。今まで各段ともずっとマンダラを説いてきたわけですが、そうした教えを理屈だけで理解するのではなく、マンダラと自分が一つになることが大切なのです。十七の段にはそれぞれの段のマンダラがありますが、第十七段はその総まとめになります。

「時《とき》に薄伽梵《ばくがぼん》毘盧遮那《びるしゃな》の一切《いっさい》の秘密《ひみつ》の法性《ほっしょう》を得《え》て無戯論《むけろん》なる如来《にょらい》は」とあって、これがこの段を説く如来の名前です。薄伽梵毘盧遮那のあらゆる現象界の中の秘密である真理を手に入れた分別のない、対立の考えを捨てた如来ということです。これは毘盧遮那如来（大日如来）のことです。最後に大日如来を登場させて、教主としております。

金剛薩埵像　金剛峯寺（旧金堂焼失）

どういう教えかというと、「復《ま》た最《さい》勝《しょう》にして初中《しょちゅう》後《ご》無《な》き大楽《たいらく》金剛《こんごう》不空《ふくう》三《さん》摩耶《まや》の金剛《こんごう》法性《ほっしょう》の般若《はんにゃ》理趣《りしゅ》」を説くとあります。最高のものであって、初

金剛王像　金剛峯寺（旧金堂焼失）

めも中も終わりもない、永遠の真理の絶対の楽しみ（大安楽）で、ダイヤモンドのようにこわすことのできない絶対の悟りの境地である金剛の真理を表わす般若波羅蜜の教えをお説きになったということです。絶対の真理をいろいろな言葉を並べて表わしています。これが総論で、その内容を五人の菩薩の悟りの境地に分けて説明するのです。

六種の最勝成就

「菩《ぼ》薩《さつ》摩《ま》訶《か》薩《さつ》、大欲《たいよく》の最勝《さいしょう》の成就《じょうじゅ》の故《ゆえ》に大楽《たいらく》の最勝の成就を得る。

菩薩摩訶薩、大楽の最勝の成就を得るが故に則《すなわ》ち一切如来《いっさいにょらい》の大菩薩《だいぼさつ》の最勝の成就を得る。

菩薩摩訶薩、一切如来の大菩提の最勝の成就を得るが故に則ち一切如来の大力《だいりき》の魔《ま》を摧《くだ》く最勝の成就を得る。

　菩薩摩訶薩、一切如来の大力の魔を摧く最勝の成就を得るが故に則ち遍三界《へんさんかい》の自在《じざい》の主《しゅ》たる成就を得る。

　菩薩摩訶薩、遍三界の自在の主たる成就を得るが故に、則ち無余界《むよかい》の一切有情《うじょう》を浄除《じょうじょ》するために流転《るてん》に住著《じゅうじゃく》し、大精進《だいしょうじん》を以《もっ》て常《つね》に生死《しょうじ》に処《しょ》して一切を救摂《ぐしょう》し、利益《りやく》し安楽ならしむる最勝の究竟《くきょう》を皆悉《みなことごと》く成就することを得る」

とあります。

　一番目の悟りのゆえに二番目の悟りが生まれ、というようにお互いが連なって最後の悟りにいきつくという構成になっています。それぞれの悟りの上につく「菩薩摩訶薩」が主語で、菩薩は大乗仏教の菩薩であり、摩訶薩は大菩薩ということです。ここでいう菩薩摩訶薩は大乗の菩薩であると同時に、真言の行者という意味をもっています。つまり、真言の行者はこうするのであるということを五つに分けて説明しているのです。理趣経の最後のしめくくりとして、真言行者のあるべき姿、理想像を説きます。

　ところで、真言行者のあるべき姿というのを自分とは無関係の、遠いもののように考えてはなりません。それぞれのかたが「自分が」というふうに考えていただいて、「自分の生きていく理想像とはいかにあるべきか」と考えて下されば、みなさんがたにとって切実な問題になってくると思います。真言行者のあるべき姿というと、向こうのほうで誰かがやってくれていると思いますが、そういうことではないのです。「真言行者が」ということは、いいかえれば「私たちが」ということですから、「私たちがどうあるべきか」ということをここに教えていると考えて下さい。

大欲の完成

まず「大欲の最勝の成就の故に」とあります。欲をどんどん大きなものに育てなさいということです。何度もいったように、ふつうの仏教経典では「欲をもつな、欲を捨てろ」といいます。ところが理趣経では「欲を捨てろ」とはいいません。反対に「欲をもちなさい」と説いてありますが、この欲は非常に大きな欲を表わします。ちっぽけなことでくよくよするような、自分を残して自分の利益を考えるような欲はもってはいけません。そういう小さな欲はもっと大きな欲に育て上げていくのが本当の精神であると説きます。

大欲とは絶対的な欲ということです。相対的な、裏切られたら苦に変わるような欲、満たされないために苦しむ欲、いらいらしたり、がつがつしたりするような欲望ではないのです。そうではなく、欲をもつことが楽しみになり、自分の励みになるような、そういう欲をもてということです。

このように理趣経の説くところはふつうの仏教経典とまったく違ってきます。それは何かというと、理趣経は「あれはしてはいけない、これもしてはいけない」とあちこちから手足をがんじがらめにして、倫理的な教えを説き示そうというお経ではありません。結局、人間の生、生きているということの根源に立ちかえってもう一度考え直してみようではないか、というお経なのです。

欲望というのも生きていることの一つの証《あかし》であるわけですから、欲を矯《た》める──「角を矯めて牛を殺す」──ようなことはするなということです。「もっと大きなものに育てていこう」と説くので、まず「大欲」という言葉が出てきます。私たちのあるべき姿というのは、欲望を大きく育てることです。大きな欲というのは、自分を残していません。自分のための欲ではない、一切衆生のための欲望なのです。真言の行者は、そういう大きな欲をもつことが最勝であって完成しているから、「大楽の最勝の成就を得る」のです。

大楽の完成

同じように大楽というのは、「楽あれば苦あり」の楽ではありません。すぐに苦しみに変わるような楽しみではなく、永遠に続く楽しみです。仏教の基本的な考えかたからいけば、この世は諸行無常であるから永遠に続く楽しみなどないということになります。自分自身を残した楽しみであれば続くことはありません。同じことでも自分の気分によって楽しみになったり、苦しみになったりします。お腹がへっているときにはごはんを食べれば非常においしい、ところが、数人分のごはんを食べなくてはいけないということになると、苦しみに変わってしまいます。

ここでいう大楽は、そういう相対的な楽しみではなく、絶対的な楽しみです。絶対的な楽しみというのは、結局、自分を捨てているということです。自分を残していたら、自分を中心として判断しますから、すぐに楽しみが苦しみに変わってしまいます。ですから、自分を捨てて人のためにつくすというのが絶対的楽しみ、大楽なのです。理想像としてそういう大きな楽しみを作り出しなさいと説きます。

そういう大楽の最勝を完成することで、一切如来の絶対の悟り（大菩提の最勝の成就）を得ることができるのです。一切如来の絶対の悟りを手に入れたならば「一切如来の大力の魔を摧《くだ》く最勝の成就を得る」のです。

大力の魔を摧く

非常に力の強い悪魔を摧《くだ》いてしまうような最勝の成就を得られるということです。それは外から襲いかかる大力の魔と同時に、内面的な魔をも摧くという両方の意味をもちます。古代インド人は人間に襲いかかるいろいろな不幸、病気をしたり、人にいじめられたり、突然死に襲われたり、火難・水難といった災難にあったり、こういう日常生活の中で襲いかかる不幸は全部悪魔の仕業だと考えました。ですから、そういう悪魔をやっつけたら不幸に襲われないと考えました。長生きするとか、病気をしないとか、金もうけができるとか、みんな仲良くやっていくというような幸せは、不幸をもたらす悪魔をやっつけることです。悪魔をやっつけることで、日常生活の中のいろいろな災難を避ける、現世利益《げんぜりやく》を受けることができます。それと同時に煩悩という私たちの精神的な魔――貪《むさぼ》りの心・怒りの心・愚かな心――私たちの精神生活を乱す貪《とん》・瞋《じん》・痴《ち》の三毒の魔を取り払うこともできるのです。

一切の魔を摧くと、さまざまな現世利益が得られると同時に、心の中の煩悩をもっと大きな価値に転換していくというのが「一切如来の大力の魔を摧く」ということです。いろいろな幸せがやってくると同時に自分の精神的な幸せも得られるのです。小さなことにこだわらずに、今までもっていた煩悩を大きく育てることができます。貪り・怒り・愚かな心を限りのない、けた外れの大きなものに育て上げる、それが金剛薩埵《さった》であるということです。そして「一切如来の大力の魔を摧く最勝の成就を得る」と、「遍三界の自在の主たる成就を得る」ことができます。

世界の自在主となる

欲界（欲望の世界）・色界（欲望を超えた世界）・無色界（禅定の世界）の三界を古代インド人は全世界と考えました。こういう全世界を自在にする主になるとここに書いてあります。自由も自在もともにもともと仏教の用語ですが、本来の意味は自らの判断によっているのが自由であり、自在は自らによって在るということです。人間の本来の性質に対する絶対的信頼がそこにあります。最終的に自分による、自分は仏さまであるからそういった本来の姿を見つけ出してそれによるということが自由であり、自在なのです。全世界のどこにおいても自在に活動できるということです。何ものかからの自由であり、自在というなら、今まで縛られてきたものから離れることだけが自由になりますが、ここではそういうことではありません。何ものかから離れるのではなく、自分自身によっている、そして自分本来の性質そのものをはっきり出していくことが自由なのです。ですから不自由になる心配はもうありません。たとえば貧乏からの自由ということですと、お金がなくなったら貧乏に逆もどりしますが、仏教でいう自由はそういう意味ではありません。もちろん物質的自由には限りません。むしろ精神的な自由が大事になってきます。以上のような遍《あまね》く三界の自在の主となることができると説きます。

生死に住して一切を救う

最後に「遍三界《へんさんかい》の自在の主たる成就を得る」と「則ち無余界《むよかい》の一切有情を浄除《じょうじょ》するために流転《るてん》に住著《じゅうじゃく》し、大精進を以て常に生死に処して一切を救摂《ぐしょう》し、利益《りやく》し安楽ならしむる最勝の究竟《くきょう》を皆悉《ことごと》く成就することを得る」ことができると説きます。

はじめに、限りない世界中（無余界）の一切の生きとし生けるもの（有情）を浄めるために、現実世界の中に積極的に住みこんでいくと述べられています。ふつうだったら苦しみの多い現実世界を逃れようとしますが、一切衆生を救い浄めるために、自分から進んで苦しい流転の世界に住みこんでいくということです。ここから行動の問題が出てきます。

今まで「悟りはこうである」、「あるべき姿はこうである」と説いてきました。今度は、あるべき姿にいきついた後で、「私たちはどうしたらよいのか」という問題が出てきます。この世に住んでいるありとあらゆる生きとし生けるものを救うために、自分は進んでこの苦しい世界の中に飛びこんでいって腰をおちつけて、ということです。大精進をもって、ひたすらそれを実行して、「常に生死に処して一切を救摂し」とあります。これはどういうことかというと、自分が悟りの世界に逃げていってはだめであるということです。どんなに苦しくても生死の世界に踏みとどまってすべての人を救い、その人たちを「利益し安楽ならしむる最勝の究竟を皆悉く成就することを得る」ことができると説きます。

ここでは五秘密の問題が扱われています。金剛薩埵《さった》を中心に、その悟りを「欲《よく》・触《そく》・愛《あい》・慢《まん》」の四つに分けた五秘密マンダラでもって真言行《しんごんぎょうじゃ》者のあるべき姿、いいかえれば私たちのあるべき姿を明らかにしています。「大きな欲をもつことで大きな楽しみを得なさい、大きな楽しみによって一切の悟りの核心に触れなさい、悟りの核心に触れることで一切の悪魔をやっつけなさい、悪魔をやっつけることで一切の三界の自在の主となれます」と五人の菩薩の理想像を具体的に示しています。

続いて「そこに安住していてはいけない、やはり人間世界（生死の世界）に入っていきなさい」と説きます。さきにあげたような理想像を完成していれば立派なものですから、悟りの世界（彼岸）にいってもよいのです。ところが「彼岸にいってはいけない」といいます。彼岸にいかずに苦しんでいる人がたくさんいる現実世界に入りこんで、積極的に精進してあらゆる生きとし生けるものを救いつくすまで働きなさいと説きます。五秘密を説いた後にもう一度、「社会の中に入って働きなさい」という問題を出してくるのです。

これが大乗仏教の菩薩道というものです。大乗仏教の菩薩道とは、自利《じり》ではなく利他《りた》なのです。自分のプラスはいくらでもためておいて、それをことごとく人さまのために吐き出しなさいといいます。

真言行者の理想像

何《ヲ》以《テノ》故《ニ》

菩薩《ノ》勝慧《アル》者《ハ》乃《シ》至《マデ》レ盡《スニ》二生死《ヲ》一

恆《ニ》作《シテ》二衆生《ノ》利《ヲ》一而《モ》不レ趣《カ》二涅槃《ニ》一。

般若《ト》及《ビ》方便《トノ》智度《ヲ以》悉《ク》加持《シテ》

諸法及《ビ》諸有一切皆清淨《ナラシム》。

慾等《ヲ以》調《シテ》二世間《ヲ》一令《ルガ》レ得二淨除《スルコトヲ》一故《ニ》

有頂《ヨリ》及《マデ》悪趣《ニ》　調伏《シテ》盡《ス》諸有《ヲ》。
如《ク》蓮體《ノ》本染《ニシテ》　不《ルガ》為《ニ》垢《ノ》所《ラレ》染《セ》
諸欲《ノ》性《モ》亦然《ナリ》　不染《ニシテ》利《ス》群生《ヲ》
大欲得清淨《ヲ》　大安樂《ニシテ》冨饒《ナリ》
三界《ニ》得《テ》自在《ヲ》　能《ク》作《ス》堅固《ノ》利《ヲ》。
金剛手《ヨ》若《シ》有《ラバ》聞《テ》此《ノ》本初《ノ》般若理趣《ヲ》日日《ノ》
晨朝《ニ》或《ハ》誦《シ》或《ハ》聽《クコト》
彼《レハ》獲一切《ノ》安樂《ト》悦意《ト》
大樂金剛不空三昧《ノ》究竟《ノ》悉地《トヲ》
現世《ニ》獲得《シ》一切法《ノ》自在悦樂《ヲ》
以《テ》十六大菩薩生《ヲ》得《ベシ》於如來執金剛《ノ》位《ヲ》。

つぎのところでは大乗の菩薩が具体的に現実世界で働くということはどういうことなの

かをくわしく説いています。すなわち、

「何《なに》を以《もっ》ての故《ゆえ》に
　菩薩《ぼさつ》の勝慧《しょうえ》ある者《もの》は　乃《いま》し生死《しょうじ》を尽《つく》すに至《いた》るまで　恒《つね》に衆生《しゅじょう》の利《り》を作《な》して　而《しか》も涅《ね》槃《はん》に趣《おもむ》かず。
　般若《はんにゃ》と及《およ》び方便《ほうべん》との　智度《ちど》を以《もっ》て悉《ことごと》く加持《かじ》して　諸法《しょほう》及び諸有《しょう》　一切皆清浄《いっさいみなしょうじょう》ならしむ。
　欲等《よくとう》を以《もっ》て世間《せけん》を調《ちょう》して　浄除《じょうじょ》することを得《え》令《しむ》るが故《ゆえ》に　有頂《うちょう》より悪趣《あくしゅ》に及《およ》ぶまで調伏《ちょうぶく》して諸有《しょう》を尽《つく》す。
　蓮体《れんたい》の本染《ほんぜん》にして垢《あか》の為《ため》に染《そ》められざるが如《ごと》く　諸欲《しょよく》の性《しょう》も亦然《またしか》なり　不染《ふぜん》にして群《ぐん》生《じょう》を利《り》す。
　大欲清浄《たいよくしょうじょう》を得《え》　大安楽《だいあんらく》にして富饒《ふじょう》なり　三界《さんがい》に自在《じざい》を得《え》て　能《よ》く堅固《けんご》の利《り》を作《な》す」

ということです。

　理趣経の精神を身につけた菩薩が現実世界でいったいどうあるべきかということに対する、具体的なありかたを五つの偈頌《げじゅ》で表わしています。それぞれの偈頌はみな漢字で五文字ずつで、これが四つ集まって二十字で一つの偈頌になっています。二十字の偈頌が五つありますから百字になります。これを昔から「百字の偈」といい、この百字で理趣経の精神を端的にいい表わしているとみることもあります。このようなところから真言宗で理趣経の全体を読む時間のないときは、この百字の偈だけをとなえてもよいことになっています。

生死に住して涅槃におもむかず

「菩薩の勝慧ある者」というのは真言行者のことです。大乗の菩薩の中で非常にすぐれていて知恵があるもの、すなわち真言行者は、生きているかぎりは常に他人の利益を心がけそれを実行するようにして、しかも悟りの境地におもむかないと書かれています。

悟りの境地・涅槃は生死に対する言葉ですから、この二つで対句になっています。生死というのは現実世界・苦しみの世界で、涅槃とは悟りの世界・楽しみの世界（彼岸）となります。ふつうですと「生死を超えて涅槃に至る」ことを理想にしますが、大乗仏教の菩薩たるものは生死に住するのが本義で涅槃にいってはいけないとされます。

苦しんでいる人を救って向こう岸（彼岸）に送り届けるために、自分は彼岸に渡らないことが大乗仏教の理想です。この点では真言行者たるものも理想とするところは、大乗の菩薩とまったく同じです。

般若と方便により一切を清浄にする

二番目の偈のうち般若と方便というのも相対するものの考えかたです。般若というのは

ラサのポタラ宮（チベット）

知恵ですから、悟りそのものです。方便というのは現実世界への働きかけです。般若は世の中の真理ですが、私たち現実世界に生きているものには真理だけではしかたがないから、真理が方便という形で現われてきてはじめて私たちのためになるのです。真理そのものでは私たちと全然つながりがありません。方便があるからこそ、真理が現実世界に働きかけられるのです。ですから仏教では、この般若と方便のセットを非常に大事にします。

真理が自分たちと無関係にそこにあっても、現実世界への働きかけがないかぎりだめなのです。仏さまは自分自身が般若の知恵を身につけて悟りを開いているけれど、大悲をもっているからこそ、苦しんでいる人を捨てておけずに、方便をもってこの人たちを救いとろうとします。ですから方便というのは、人びとを救いとろうとする手段なのです。ところが方便だけで、この方便が般若に裏づけられていないと、何をしでかすかわかりません。現実世界の活動だけでそれが真理によって裏づけられていないと暴走してしまいます。

ですから大乗仏教では、般若と方便がかならず一つにならなければいけないといいます。般若だけでは私たちへの働きかけがないし、方便だけでは方向づけがなされません。ですから般若に裏づけられた方便、般若と方便がうまく一体化しなければいけないと大乗仏教では教えるのです。

「般若と方便との悟りの知恵（智度）を以て」ということで、般若と方便が一体となったものをこちらの世界から向こうの世界へ渡すことでことごとく加持を受けて、現実に存在する一切のもの（諸法）および、あらゆる生きとし生けるものをみな清浄ならしめると説きます。般若と方便とを一体化した知恵の働きをもって加持を受けて、一切の生きとし生けるものをみな清浄にすることができるということです。

欲をもって世間を調す

三番目の偈《げ》は、欲で世間の人を調教してみんな浄めていく（浄除）ということです。きれいごとをいいながら人びとを導いていくのではなくて、どろどろした欲をぶつけることによって世間の人びとを正しい方向に連れていくということです。

「有頂《うちょう》より悪趣《あくしゅ》に至るまで」とあります。有頂とは有頂天のことで、欲界・色界・無色界の三界のうち、一番上の無色界の中でも一番上の天です。ですから、一番上の有頂天から、一番下の悪趣（地獄）に至るまで、あらゆる生きとし生けるものを最後の一人まで調伏《ちょうぶく》しつくすということです。この世の中に生きとし生けるものが一人でもいる間は、その手をとめずに調伏しつくすということです。

蓮花のごとく群生を利す

四番目の偈《げ》は第三偈で説いた悟りがいったいどういったものであるのかというたとえです。泥沼に咲いている蓮花が泥によって汚されたり、染められることなく白い花を咲かせているように、欲望も本来は汚れたものではないのです。欲望は汚れたものではなく、本性は非常に清浄です。ところが、そこに我が出てくるからこれが汚され、我というものが泥になります。蓮の花が泥の中からきれいな花を咲かせるように、欲望もどろどろであっても本性は非常に清浄であり、欲をもっているからこそ苦しんでいる人たちを救いつくすことができるということです。

欲がないと、「おれだけが悟りの世界へいけばそれでいいのだ」と非常に淡泊になってしまいます。それではだめなのです。苦しんでいる人が一人でもいたら、「おれは悟りの世界へいくものか」というぐらいの大きな欲をもちなさいということです。そういう欲は本来清浄であるといっています。

大欲は清浄である

五番目の偈は大きな欲望、絶対の欲望というのは本来清浄であり、絶対の安楽にして非常に豊かであると説きます。そういうものが三界――あらゆる世界において自在になり、生きとし生けるもののために大きな利益をなすことができるということです。

この百字の偈によって理趣経の行者の理想像を描き出し、五つの偈頌で、順番に金剛薩《さっ》埵《た》・欲《よく》・触《そく》・愛《あい》・慢《まん》の五秘密尊の悟りを表わすと解釈されます。理趣経の最高の理想像が最後に百字の偈という形でしめくくられているのです。

以上は不空訳の理趣経ですが、玄奘《げんじょう》訳ではこの後に呪文が入ってきます。玄奘訳の「般若理趣分」では三種類の呪文がありますが、不空訳にはありません。金剛智訳の「実相般若経」にはこの後に二十五種の呪文がありますが、不空訳には何もなくてつぎに続いております。

功徳《くどく》をたたえる

つぎには第十七段の功徳が書かれています。この功徳は今までの功徳と内容的にあまり変わりません。「金剛手よ、もしこの本初《ほんじょ》の般若《はんにゃ》理趣《りしゅ》を聞《き》きて日日《ひび》の晨朝《しんちょう》に或《あるい》は誦《じゅ》し或《あるい》は聞《き》くこと有《あ》らば」とあります。本初というのは最初のそのまた最初ですから、本初の般若理趣とは初めのない、絶対の金剛薩埵の永遠で不変な悟りの真実です。毎日、朝な夕なにおとなえしたり聞くことができるならば、「一切《いっさい》の安楽《あんらく》と悦意《えつい》と大楽金剛不空三昧《たいらくこんごうふくうさんまい》の究《く》竟《きょう》の悉地《しっち》とを獲《え》」とあります。一切の安楽と心楽しむこと（悦意）を得るということです。

三昧というのはここでは三摩耶《さんまや》と同じことで約束という意味です。仏さまがかならず空しからずという金剛の約束をなさる、そういう究極の悉地が得られます。

つぎに「現世に一切法の自在悦楽を獲得《ぎゃくとく》し、十六大菩薩生《しょう》を以《もっ》て、如来と執《しゅう》金剛の位を得べし」とあって第十七段が終わります。この現実世界で一切法の自在の悦楽が得られます。十六大菩薩は金剛界の四如来（阿閦《あしゅく》・宝生《ほうしょう》・阿弥陀《あみだ》・不空成就《ふくうじょうじゅ》）の、それぞれを取りまく四人の菩薩のことで、合わせて十六人です。「十六大菩薩生を以て」とは要するにこれらの四人の如来の悟りを身につけてということです。つぎの執金剛とは金剛杵《しょ》をもつものですから、金剛手菩薩のことです。そういう金剛手菩薩の位を得ることができます。

以上の功徳《くどく》は初段に書いてあることと変わりがありません。特別なことが書いてあるわけではなく、初段のご利益と最後のご利益は同じ意味をもちます。そこでこの段の心真言は初段と同じフーン（hūṃ 吽）という一字の真言になっています。

爾ノ時ニ一切如來及ビ持金剛ノ菩薩摩訶薩等

皆《ナ》來《リ》集會《シテ》欲《フガ》令《ント》此《ノ》法《ヲシテ》　不空無碍《ニシテ》速《ニ》成就《セ》故《ニ》
咸《ナ》共《ニ》稱讃《シテ》金剛手《ヲ》言《ク》
善《キ》哉善《キ》哉、大薩埵　善《キ》哉善《キ》哉、大安樂
善《キ》哉善《キ》哉、摩訶衍　善《キ》哉善《キ》哉、大智慧
善能《ク》演説《シ玉ヒ》此《ノ》法教《ヲ》　金剛《ノ》修多羅《ヲ》加持《シ玉ヘリ》
持《セン》此《ノ》最勝《ノ》教王《ヲ》者《ハ》　一切《ノ》諸魔《モ》不能壞《スルコト》
得《テ》佛菩薩《ノ》最勝《ノ》位《ヲ》　於《テ》諸《ノ》悉地《ニ》當《ニ》不《ジト》久《カラ》
一切如來及《ビ》菩薩　共《ニ》作《シ》如《クノ》是《ノ》勝説《ヲ》已《テ》
爲《ニ》令《ンガ》持者《ヲシテ》悉《ク》成就《セ》　皆《ナ》大《ニ》歡喜《シ》信受《シ》行《ヒキ》

般若理趣經

いよいよ最後に菩薩が理趣経をほめたたえます。「この時に一切如来及び持金剛の菩薩摩訶薩等、皆な来り集会してこの法をして不《ふ》空《くうむ》無礙《げ》にして速《すみやか》に成就せしめんと欲《おも》うが故に咸《み》な共に金剛手を称《しょ》讃して言《いわ》く」とあります。

この時に一切如来と金剛杵をもつ菩薩たちすなわち持金剛がみな集まってきて、理趣の法をかならず速やかに完成させようと思って、みんな一緒に金剛手をほめたたえていいました。みんな集まってきて金剛手をたたえて合唱します。金剛手とはここでは金剛薩埵《さった》のことです。

「善《よ》き哉《かな》善《よ》き哉《かな》、大薩埵。善き哉善き哉、大安楽。
善き哉善き哉、摩訶衍《まかえん》。善き哉善き哉、大智慧。
善《よ》能くこの法教を演説したまい、金剛の修多羅《しゆたら》を加持したまえり」

と称讃します。

「善き哉善き哉」は仏典によく出てきますが、みんなが「よかった、よかった」とほめたたえて叫ぶことです。大薩埵というのは菩薩たちのことで、大安楽は理趣経の説こうとしている安楽です。これらを「善いかな、善いかな」とほめたたえます。つぎの摩訶衍はサンスクリット語のマハーヤーナ（mahāyāna）を漢字に写したもので、大乗という意味です。ですから「善いかな、善いかな、大乗の教えよ」ということです。つぎは「善いかな、善いかな、大乗の知恵よ」です。

つぎに、よくこの理趣経の教えを演説されて「金剛の修多羅を加持したまえり」とあります。金剛の修多羅とはサンスクリット語のスートラ（sūtra）を漢字に写したものです。もともとはサンスクリット語で紐《ひも》・糸を表わす言葉で、後にお経のことをいうようになります。お経というのは、紐とか糸でもって、ばらばらに分散している世の中の真理をしっかりくくりつけておくという意味です。ですから修多羅はお経を表わします。つまり金剛のお経（理趣経）を加持した、仏さまの力をこのお経にお加えになりましたということです。

注釈書によりますと、「善き哉善き哉、大薩埵」というのは金剛部をほめたたえています。同様に大安楽は宝部、摩訶衍は蓮花部、大智慧は羯磨《かつま》部をほめたたえたとされます。最後の「善能くこの法教を演説したまい、金剛の修多羅を加持したまえり」というのが、仏部をほめたたえたもので、全体で五部を称讃することになるわけです。つぎに、

「この最勝の教王《きょうおう》を持せん者は、一切の諸魔も壊すること能《あたわ》ず仏菩薩の最勝の位を得て、諸《もろもろ》の悉地《しっち》に於《おい》て当《まさ》に久《ひさし》からじと」

とあります。この最勝のお経である理趣経をずっともち伝えるものは、どんな悪魔もこれをこわすこと、災難を与えることはできない。そして仏菩薩の最勝の位を身につけて永遠にもろもろの悉地を受け取ることができるということです。

前にあげた五部への称讃は理趣経を説くものをほめたたえていましたが、この二行は理趣経を所持したり、読んだり、書いたりするものをほめたたえています。お説きになる人とそれを受け取る人の両方をほめたたえているのです。ここで本文が終わります。

流通の文

つぎに第三流通分《るずうぶん》になります。理趣経の構成をみますと、序分（序文）、正宗分（本文）、

流通分（功徳《くどく》を説いた個所）となっています。ここが最後の流通分にあたります。

「一切如来及び菩薩、共に是の如くの勝説を作《な》し已《おえ》て

持者をして悉《ことごと》く成就せしめんが為に、皆な大《おおい》に歓喜し信受し行いき」

とあります。一切如来と菩薩は今まで説いてきたような非常にすぐれた説をお説きになり終わって、理趣経を受持するものみんなに悉地を与えようとすると、みなは非常によろこんで信じ受け、これを実行したということです。「みなはこれだけよろこんだ、みながこの主旨に賛同した」と説いて終わります。般若理趣経はここで終わりましたということです。

お経はここで終わりますが、この後に付加分があります。この部分は後で日本でつけ加わったもので合殺《かっさつ》といいます。「毘盧遮那仏」と八回くり返されます。これをなぜ合殺というかは、まだはっきりわかっていません。

合殺《かっさつ》と廻向《えこう》の文

毗盧遮那佛。　毗盧遮那佛。

毗盧遮那佛。　毗盧遮那佛。

毗盧遮那佛。　毗盧遮那佛。

毗盧遮那佛。
我等所修三昧善
哀愍攝受願海中
天衆神祇増威光
弘法大師増法樂
聖朝安穩増寶壽
護持弟子施主除不祥
菩提行願不退轉
同一性故入阿字

毗盧遮那佛。
廻向最上大悉地
消除業障證三昧
當所權現増法樂
一切靈等成佛道
天下安樂興正法
滅罪生善令滿足
引導三有及法界

お経の後につけ加える「毘盧遮那仏《ひろしゃだふ》」は真言宗の念仏のようなものです。真言宗では「南無阿弥陀仏」というわけにいかないので、かわりに「毘盧遮那仏」といいます。おそらく平安の終わり頃に、流行していた念仏に影響を受けてこれがつけ加わったと考えられます。

そのつぎが廻向《えこう》の句ですが、これも平安後期にできたものです。このお経を読んだり書いたりする人が、さらに諸仏にお願いするわけです。お経ではありませんから省略します。

実際に理趣経を読むときは、最初は上の四字を最後は全部読みますが、その他は各行の上の二字ずつだけを読みます。後の部分は心の中でとなえるということです。理趣経を読んだり書いたりすることのご利益が経典の中にもどっさり書いてあるのに、その上に日本製のご利益がつけ加わったということです。

理趣経全体の講義を通じて、理趣経のアウトラインをつかんでいただくと同時に、密教はどういうものかということもご理解いただけるように、少し余分なことまでお話してまいりました。

理趣経は本来は相手を選んで資格をもった人だけに説くものであったというのは、初段にありましたように性の問題を取り上げているので誤解されてはいけないということです。もう一つ、もっと大きな理由は、理趣経というのは頭で理解するものではないということです。分別して「これがわかった」という受け取りかたをしてもらったのでは十分ではありません。理趣経がわかるというのはその精神がわかるということです。理趣経の精神を理解するためには、真言行を実践しながら、その真髄をつかみとることが必要になってまいります。

理趣経の各段の中にはそれぞれマンダラがありますが、瞑想の中でこれらのマンダラを観想していかなければなりません。それらのマンダラを観ずることによって、理趣経の各段を、頭ではなく、体でわかっていくという理解のしかたが大切なのです。一般の読者が急にそこまで到達するというわけにもいきませんので、ここではまず理趣経がどういうもので何を説こうとしているのか、その精神とは何かということの説明に重点を置いてきました。

ですから、ここまでお話してきたことは理趣経の入門のようなところです。まだまだ奥は深いのです。この本では理趣経の理解の最初の段階だけにとどまりますが、みなさんは日常生活の中で何かに結びつけながら理趣経の精神を生かしていただきたいと思います。この教えの中で、一つでも二つでもみなさんの日常の中に現実に生かしていただくことができれば、真言密教の秘典といわれる理趣経を、在家のかたがたにも説いた意義もあったということになりましょう。

あとがき

「理趣経」を一般の人にもよくわかるように一冊の本にまとめてほしいと依頼があったとき、正直なところ困ったことになったと思った。真言宗の中で、ながらく秘伝にされてきた「理趣経」の内容を、一般に公開するという大それた企画は、私には荷が重すぎた。

お断りするつもりでいたのに、ちょっとした手違いというか、不可抗力のために、引き受けざるを得ない破目におちいった。でも腹部の切開手術ののち退院し、いくばくも日数のたっていない時期であったので、体力に自信もなく、約束はのびのびになっていた。

気にはなっていたが筆のすすまなかったとき、ある文化講座で、密教についての連続講義をたのまれた。あとで考えるとこのとき機縁が熟したというべきであろうか、執筆と講座をドッキングさせて、思いきって理趣経の講義をしてみようと決心がついた。

十回にわたる理趣経の講義は、主として在家の熱心な受講生に対するものであったが、その講義をテープからおこし、原稿にする労は創美社の神八郎君にとっていただいた。こうした努力を重ねてもらったおかげで、この本が誕生したといっても過言ではない。

「理趣経」を在家の人に説いてもいいかどうか思案したが、半年かけた講座が終了したいま、最初の杞憂《きゆう》はどこかへ吹きとんでしまっている。最近、理趣経はセックスについて書いた奇妙な経典だという誤った理解が一般化しているようである。受講生の中にも、最初のうちはこういった固定観念に縛られて、質問するかたもないわけではなかった。しかし講義を重ねるにつれて、次第に理趣経の内容を正しく理解していただけたという手ごたえのようなものが、私に伝わってきた。それは講義に対する反応、つまり毎回の講義ののちの質疑応答によくあらわれるようになった。

本書をお読みいただいたかたにも、理趣経はセックスについて説いた経典でもないし、本来、死者のために読誦するための経典でもないことがおわかりいただければ、執筆の目的はほぼ達したようなものである。

「理趣経」は二十世紀後半の暗闇の時代に、光を求めて模索する現代人に、生きざまを教える経典だといってよいであろう。人間が生きるということはどういうことか、何を目ざして人間は生きるべきか、この経典から現代人が学ぶべき点は少なくないように思う。

現代を生きるわれわれが、この経典の説くところとどのようにかかわりをもつかという点を中心に解説をすすめたこと、さらに各段に付随するマンダラをはじめ事作法《じさほう》についての説明を省略したのは、主として在家の読者を意識したためである。

僧侶はさらに已達の阿闍梨《あじやり》について、各段のマンダラの観想《かんそう》や印契《いんげい》、真言《しんごん》など親しく伝授を受ける必要があることはいうまでもない。同時に在家のかたも、本書は「理趣経」のほんの入門講座であって、これだけですべてを理解したということにはならないことだけは、心得てお読みいただきたい。ただ、「理趣経」という密教の代表経典の解説という形式をとって、密教についても説明しているので、一種の密教入門書の役目は果たしているといってもよいかと思う。

本書によって、世間の理趣経に対する誤った理解が払拭《ふっしょく》され、密教についての関心がいささかでも深まるようなことがあれば、著者の目的は達せられたといえよう。しかし、現在の密教学、密教史の学術水準に基づいて、内容面でかなり思いきって現代的な切りこみを行ったので、伝統的な解釈と齟齬《そご》する点も出たのではないかと、いささか気がかりである。江湖の忌憚《きたん》のないご意見を賜りたいと思う。

本書に収録した理趣経の本文は、許可を得て堀内寛仁著「理趣経の話」(高野山大学出版部　昭和五十六年七月増補版)の付録中の本文を活字体に改めて利用させていただいた。

昭和五十八年八月二十六日

高野山 補陀洛院精舎にて

松長有慶 識

解説

平川 彰

「理趣経」はセックスを説く経典として、好奇の目をもって見られるが、著者は本書において、この問題を実に明快に解説している。仏教の経典が、セックスそのものを説くわけはないのであるが、しかしこれを避けて通らないのが密教である。性欲は、食欲とともに、人間の基本的な欲望であり、人間にとって最も大きな関心事である。とくに最近の世相は、セックスが公開的になってきただけに、宗教が一方的にセックスを否定し、遠ざけて、無関心を装うことはむつかしくなってきた。しかし原始仏教や大乗仏教は、セックスを否定し、関係をもたないようにしていたから、性欲の悩みにたいして、仏教がどういう解決をもっているかは不明であった。

一般に仏教は禁欲主義であるといわれているし、たしかに一面ではそうである。しかし道元禅師の「普勧坐禅儀《ふかんざぜんぎ》」にも、「坐禅は則《すなわ》ち大安楽の法門なり」といっているように、深く坐禅をきわめたならば、身体は軽安になり、精神は爽快、心は寂静で、そこには、セックスの快楽などは及びもつかない深い安楽の境地が開かれるのである。その意味では、仏教は決して一方的な禁欲主義ではないのである。こういう境地に達すれば、セックスのエネルギーはより高い精神的な力に昇華して、精神的な大安楽に変わっていくのである。それゆえ、こういう境地に達すれば、禁欲などは苦にならなくなるであろうが、しかしこういう高い境地に達するまでが大変であり、激しい修行が必要なのである。ここに仏教が禁欲主義と受けとめられ易い点がある。

しかし実際には、仏教は「苦楽中道」の立場を取っていたのである。釈尊は上述のごとき大安楽の境地に安住していたのであるし、出家の弟子たちもそういう境地を理想として修行していたが、しかしこのほかに釈尊は在家の弟子を認めておられた。いわゆる優婆塞《うばそく》(信男)・優婆夷《うばい》(信女)がそれである。在家信者は結婚をし、家庭をもち、職業を営んでいた。そういう中でも仏教の修行が可能であり、修行の進歩があると認めておられたのである。仏教の修行は、「心の浄化」を目的としているから、三宝にたいして清い信仰心をもって修行すれば、在家の立場でも修行は可能であったのである。したがって釈尊は、一方的にセックスを否定しておられたのではないと思う。

その意味では、セックスを肯定的に取り上げる密教も、釈尊の立場と矛盾するものではないと思う。しかしセックスを一方的に肯定してしまったら、より高い精神の世界は開けないように思うのであり、ここにセックスを肯定的に取り扱う密教の難解な点がある。単にセックスを象徴的に利用するというだけならば、これは言葉のあやであって、セックスを肯定したとはいえないであろう。したがってセックスを肯定しながら、しかも高い境地に高めていくということは、性を肯定するのか否定するのか、外部のものにはいま一つ分からない点があるし、また一つ間違えば堕落にもつながる点があるように思われる。

密教といっても、インド密教から日本の真言宗まで範囲は広いのであり、教理の発展にもいろいろな段階がある。日本の真言宗の密教は、爛熟した後期の密教ではないのであり、セックスの問題も象徴的に解釈する面が強いように思う。しかし性をまったく譬喩《ひゆ》として取り扱っているのではないようである。本書の説明にも、

理趣経の中に、世間でいわれるようなセックスの問題が出てきます。でも、これは自由奔放にフリー・セックスを認めているというのではけっしてありません。そういうセックスを認めているのではなく、セックスの本質はバイタリティ、生命力ですから、そういう生命力を積極的に生かすこと、その方法の一つとしてセックスの問題も取り上げる。人間の生命力の一つの部分として、セックスの問題もからまってきます。しかし、そこにあるセックスというのは、自分の欲望を満足させるためのセックスではなくて、また憎しみに変わるような愛ではなくて、自分を捨てたところの大きな生命力に育て上げる、大きな欲望に育て上げるということが問題になってきます。

と述べておられる。セックスを人間のもつバイタリティの一つとして問題にするのであり、しかもそれを自我の狭い範囲にとらわれないで、人類に奉仕する広い立場に振り向けていこうとするのである。人類に奉仕する立場で、大欲・大安楽を実現していこうとするのである。無我の立場に立つとき、欲は浄化されて大欲清浄となり、安楽も大安楽清浄となる。本書には、セックスや欲望が、無我の立場によって浄化され、清浄となることが、明快に示されている。

「理趣経」では「いわゆる妙適清浄の句、是れ菩薩の位なり」にはじまる「十七清浄句」が主部分であるように思われ易いが、本書を読んでみると、そうでないことがよく分かる。もちろん「十七清浄句」は重要であろうが、しかしそれは「理趣経」の中心部十七段に分かれるうちの、第一段に含まれているのであり、「理趣経」には、なおこのほかにも重要な教理が多い。本書は、五智・五仏等の真言宗の教理や金剛界のマンダラ等を分り易く説明しながら、「理趣経」の教理を解説しているので、「理趣経」の教理がよく分かる。セックスの問題が、「理趣経」の教理の一部分にすぎないことも、本書を読めばよく分かる。

昭和五年に栂尾《とがのお》祥雲博士が「理趣経の研究」を公刊して以来、「理趣経」の講義や解説はたくさん出版されている。しかし一般の人にも分かるように「理趣経」の教理の奥深いところを、平易に示したものとして、本書はまことにすばらしいできばえである。

真言宗では、「大日経《だいにちきょう》」と「金剛頂経《こんごうちょうぎょう》」とを両部の大経として重視するが、しかし法要などで読誦《どくじゅ》するのは、もっぱら「理趣経」である。わたくしはこの点にあまり注意しなかったが、本書にそれは、「理趣経」が般若系統の経典であるためであるという指摘がある。この指摘を見てなるほどと思った。般若経は経典の読誦や書写を非常に重視する経典である。現今でも写経といえば「般若心経」が代表であるのはそのためである。「理趣経」は「般若理趣分」として、「大般若波羅蜜多経」の中に含まれている。おそらくこれは、般若経系統の中で発達した密教経典であろう。このように「理趣経」が般若経と結合しているために、読誦経典として重視されるのである。

このような著者のさりげない説明の中にも、深い意味が読みとられる。単に「理趣経」の理解だけでなく、真言宗の教理の理解にも、本書はなかなかよい書物である。密教といえば、とかく加持祈禱《かじきとう》とかセックスとかのイメージが強いのであるが、本書はそういう見方を一掃する役割を果たすであろうと思う。それというのも、本書の著者の松長有慶博士が、密教学者として卓越した学殖をもっておられるからであると思う。博士はいま高野山大学の学長の要職にあるが、つとに密教の重要な経典である「秘密集会」の研究者として知られ、綿密な梵文テキストを公刊して学界を裨益《ひえき》せられた。さらに西チベットのラダック地方の仏教文化調査団の団長として、チベットの密教寺院の調査でも活躍せられ、立派な報告が発表されている。昭和五十二年には「密教経典成立史論」で、九州大学より文学博士の学位を得られた。密教についての深い学殖をもっておられるので、本書においても

「理趣経」の教理が、平易に分かり易く説明されている。平易な説明というと、とかく喩《たと》え話のようなものばかりが説かれ、肝心の教理の説明のないものが多いのであるが、本書は正面から「理趣経」の教理が説明されており、密教の理解に貢献する点が大であると信ずる。

一九八四年一月

本書は『秘密の庫を開く　密教経典—理趣経』（仏教を読む7
一九八四年二月　集英社刊）を底本に、大幅な図版の入れ替え、
加筆訂正を行い、表題を改めました。

中公文庫

理趣経《りしゅきょう》

1992年11月10日　初版発行
2002年8月25日　改版発行
2020年2月29日　改版5刷発行

著　者　松《まつ》長《なが》 有《ゆう》慶《けい》

発行者　松田 陽三

発行所　中央公論新社
〒100-8152　東京都千代田区大手町1-7-1
電話　販売 03-5299-1730　編集 03-5299-1890
URL http://www.chuko.co.jp/

DTP　高木真木
印　刷　三晃印刷
製　本　小泉製本

Published by CHUOKORON-SHINSHA, INC.
Printed in Japan　ISBN978-4-12-204074-8 C1115

中公文庫既刊より

各書目の下段の数字はISBNコードです。978－4－12が省略してあります。

ひ-19-1
空海入門
ひろさちや

混迷の今を力強く生きるための指針、それが空海の肯定の哲学である。人類普遍の天才の思想的核心をあくまで具体的、平明に説く入門の書。

203041-1

ひ-19-4
はじめての仏教 その成立と発展
ひろさちや

釈尊の教えから始まり、中央アジア、中国、日本へと伝播しながら、大きく変化を遂げた仏教の歴史と思想を豊富な図版によりわかりやすく分析解説する。

203866-0

お-76-3
仏教人生読本
岡本かの子

愛と憎、悲観と楽観、恋愛、結婚、生死に至るまで、人生の機微に触れながら、仏心をもってしなやかにしたたかに生きる術を伝授。〈解説〉瀬戸内寂聴

206161-3

な-14-4
仏教の源流――インド
長尾雅人

ブッダの事蹟や教説などを辿るとともに、ブッダの根本教理である縁起の思想から空の哲学を経て、菩薩道の思想の確立へと至る大成過程をあとづける。

203867-7

い-25-4
東洋哲学覚書 意識の形而上学 『大乗起信論』の哲学
井筒俊彦

六世紀以後の仏教思想史の流れをかえた『起信論』を東洋的哲学全体の共時論的構造化の為のテクストとして現代的視座から捉え直す。〈解説〉池田晶子

203902-5

い-25-6
イスラーム生誕
井筒俊彦

現代においてもなお宗教的・軍事的一大勢力であり続けるイスラームとは何か。コーランの意味論的分析から、イスラーム教の端緒と本質に挑んだ独創的研究。

204223-0

い-25-5
イスラーム思想史
井筒俊彦

何がコーランの思想を生んだのか――思弁神学、神秘主義、スコラ神学と、三大思想潮流とわかれて発展していく初期イスラム思想を解明する。〈解説〉牧野信也

204479-1

テ-6-1
仏の教え ビーイング・ピース ほほえみが人を生かす
ティク・ナット・ハン
棚橋一晃 訳
詩人・平和活動家として名高いヴェトナム出身の禅僧である著者が、平和に生きること、仏の教えを平易な言葉で語る。現在のこの瞬間への冒険と発見の書。
203524-9

S-18-1
大乗仏典1 般若部経典 金剛般若経／善勇猛般若経
長尾雅人
戸崎宏正 訳
「空」の論理によって無執着の境地の実現を目指す『金剛般若経』。固定概念を徹底的に打破し、「真実あるがままの存在」を追求する『善勇猛般若経』。
203863-9

S-18-2
大乗仏典2 八千頌般若経Ⅰ
梶山雄一 訳
多くの般若経典の中でも、インド・チベット・中国・日本など大乗仏教圏において最も尊重されてきた『八千頌般若経』。その前半部分11章まで収録。
203883-7

S-18-3
大乗仏典3 八千頌般若経Ⅱ
梶山雄一
丹治昭義 訳
すべてのものは「空」であることを唱道し、あらゆる有情を救おうと決意する菩薩大士の有り方を一貫して語る『八千頌般若経』。その後半部を収める。
203896-7

S-18-4
大乗仏典4 法華経Ⅰ
松濤誠廉
長尾雅人
丹治昭義 訳
『法華経』は、的確な比喩と美しい詩頌を駆使して、現実の人間の実践活動を格調高く伝える讃仏・信仰の文学である。本巻には、その前半部を収める。
203949-0

S-18-5
大乗仏典5 法華経Ⅱ
松濤誠廉
丹治昭義
桂紹隆 訳
中国や日本の哲学的・教理体系の樹立に大きな影響を与えた本経は、今なお苦悩する現代人の魂を慰藉してやまない。清新な訳業でその後半部を収録。
203967-4

S-18-6
大乗仏典6 浄土三部経
山口益
桜部建
森三樹三郎 訳
阿弥陀仏の功徳・利益を説き、疑いを離れることで西方極楽浄土に生まれ変わるという思想により、迷いと苦悩の中にある大衆の心を支えてきた三部経。
203993-3

S-18-7
大乗仏典7 維摩経《ゆいま》・首楞厳三昧経《しゅりょうごんざんまい》
長尾雅人
丹治昭義 訳
俗人維摩居士の機知とアイロニーに満ちた教えで、空の思想を展開する維摩経。「英雄的な行進の三昧」こそ求道のための源泉力であると説く首楞厳経。
204078-6

各書目の下段の数字はISBNコードです。978－4－12が省略してあります。

S-18-8
大乗仏典8 十地経
荒牧典俊 訳
「菩薩道の現象学」と呼び得る本経は、菩薩のあり方やその修行の階位を十種に分けて解き明かし、大乗仏教の哲学思想の展開過程における中核である。
204222-3

S-18-9
大乗仏典9 宝積部経典
迦葉品／護国尊者所問経／郁伽長者所問経
長尾雅人
桜部建 訳
「世界の真実を見よ」という釈尊の説いた中道思想を易しく解説し、美しい言葉と巧みな比喩によって「心とは何か」を考察する「迦葉品」。
204268-1

S-18-10
大乗仏典10 三昧王経Ⅰ
田村智淳 訳
本経は、最高の境地である「空」以上に現実世界での行為に多くの関心をよせる。格調高い詩句と比喩を駆使して、哲学よりも実践を力説する物語前半部。
204308-4

S-18-11
大乗仏典11 三昧王経Ⅱ
田村智淳
一郷正道 訳
真理は、修行によってのみ体験しうる沈黙の世界である。まさに「三昧の王」の名にふさわしく、釈尊のことばよりも実践を強調してやまない物語後半部。
204320-6

S-18-12
大乗仏典12 如来蔵系経典
髙﨑直道 訳
衆生はすべて如来の胎児なりと宣言した如来蔵経、大乗仏教の在家主義を示す勝鬘経など実践の主体である心を考察する深遠な如来思想を解き明かす五経典。
204358-9

S-18-13
大乗仏典13 ブッダ・チャリタ（仏陀の生涯）
原実 訳
世の無常を悟った王子シッダルタを出家させまいと誘惑する女性の大胆かつ繊細な描写を交え、人間仏陀の生涯を佳麗に描きあげた仏伝中白眉の詩文学。
204410-4

S-18-14
大乗仏典14 龍樹論集
梶山雄一
瓜生津隆真 訳
人類の生んだ最高の哲学者の一人龍樹は、言葉と思惟を離れ、有と無の区別を超えた真実、「空」の世界へ帰ることを論じた。主著『中論』以外の八篇を収録。
204437-1

S-18-15
大乗仏典15 世親論集
長尾雅人
梶山雄一
荒牧典俊 訳
現象世界は心の表層に過ぎない。それゆえ、あらゆるものは空であるが、なおそこに「余れるもの」が基体としてあると説く世親の唯識論四篇を収める。
204480-7